# 好家教成就孩子一生

## 建设性家庭教育的奥妙与操作

杨春成　著

广西科学技术出版社

**图书在版编目（CIP）数据**

好家教成就孩子一生：建设性家庭教育的奥妙与操作/ 杨春成著. —南宁：广西科学技术出版社，2019.9
ISBN 978-7-5551-1198-6

Ⅰ. ①好…　Ⅱ. ①杨…　Ⅲ. ①家庭教育　Ⅳ. ①G78

中国版本图书馆CIP数据核字（2019）第169313号

HAO JIAJIAO CHENGJIU HAIZI YISHENG
**好家教成就孩子一生**

杨春成　著

---

责任编辑：赖铭洪　何　芯　　助理编辑：罗　风
特邀编辑：姚雪梅　梁式明　　责任校对：陈剑平
封面设计：梁　良　　责任印制：韦文印

出 版 人：卢培钊
社　　址：广西南宁市东葛路66号　　邮政编码：530023
网　　址：http://www.gxkjs.com　　编 辑 部：0771-5864716

经　　销：全国各地新华书店
印　　刷：广西民族印刷包装集团有限公司
地　　址：广西南宁市高新区高新三路1号　　邮政编码：530007
开　　本：787 mm × 1092 mm　1/16
字　　数：260千字　　印　　张：18
版　　次：2019年9月第1版
印　　次：2019年9月第1次印刷
书　　号：ISBN 978-7-5551-1198-6
定　　价：39.80元

# 自序

我从 1982 年开始研究家庭教育，1986 年偶然的机会讲起了家庭教育，到了 1993 年就开始培训南宁市中小学家长学校的骨干老师，从此，就没有离开过家庭教育工作。后来，我进入南宁市教育科学研究所，在原来研究的基础上继续进行了更加系统的研究。退休之后，更是全身心地投入到家庭教育指导工作。

我记得，我刚开始讲家庭教育的时候，在南宁市简直是孤家寡人，现在已经是千帆相伴。人们对家庭教育越来越重视了，尤其是习近平同志发表了重视“家庭、家教、家风”的讲话以后，形势喜人。以南宁市的小学为先行，培训家长的活动已经由与家长会结合进行发展到单独有充分时间保障的方式进行，先进一点儿的学校已经形成了家长学校的系列课程。我退休以后，自己对家庭教育的指导工作也在发展。跟现代教育技术相结合之后，发展至今已经在坚持了多年的课后 QQ 群服务的基础上，增加了课后微信群服务，家长主动阅读空间在 QQ 空间的基础上增加了微信公众号，课后的服务方式增加了“跟我天天学”活动，学习的内容由文章向更适宜忙中学习的语录化、微课化的方向演变。最近这十年来，每年听我课的家长有几万人次，跟我天天学的家长也有几千至上万人，我为他们提供学习的文章上千篇，为他们培训的讲座专题也有几百近千次。更为可喜的是，在我服务的几十个群中，有 3 个群已经发展到自觉多次组织起来，请我去给他们上课，有 1 个群已经用我的文章编印了 3 本供大家自学的小册子。家长中有的从孩子小学一年级起就听我的课，一直听到孩子读到高中甚至大学，有的是我到哪里讲他们跟到哪里听，家长学习积极性的提升是对我最大的回报。

我的研究成果中，有一些实际上对家长们是大有裨益的，我不妨做一个脉络上的介绍，帮助更多的父母认识它，应用它，受益于它。

### 1. 建设性家庭教育

为了帮助家长简约地理解和操作建设性家庭教育，我提出了四个要点，就是我们家长一定要学习在前、培养在前、预防在前、帮助在前。

第一个是“学习在前”，就是提倡我们应该提前一个阶段来学习。比如你准备要小孩之前，或者已经怀了孩子，这时你就要学习 0~3 岁孩子的家庭教育知识。提前学习是给自己一个消化吸收的时段，是为了给自己的家庭教育以主动。对于孩子成长的每一个阶段上的知识我们都应该提前一个阶段来学习，而且是比较系统地学习，以便形成自己清晰的、自信的教育思路，这样，教育的办法就能够像泉水一样从自己的脑子里流淌出来。

第二个是“培养在前”，就是我们要把对孩子的正面培养做在前面，不能一不留神就在孩子身上先养成一个毛病，然后再来改造孩子。这样就会把培养人的地方变成改造人的战场！我们只有学习在前，才能做好培养在前。比如好多家长都是把孩子送进小学之后，听到班主任反映自己的孩子听课注意力不行，这时才紧张起来。因为他们没有学习在前，也不知道要培养在前，所以孩子没有养成好的注意力品质。如果我们提前学习了怎么培养孩子的注意力，就不会有这个问题了。

第三个是“预防在前”。医生讲预防，我们教育也讲预防。比如我们看得多了，人家的小孩到三四年级的时候，容易闹逆反，我们就要借鉴，提前在自己孩子身上做一些铺垫性培养，通过正面的培养避免孩子到那个时间点上也闹严重的逆反。

第四个是“帮助在前”。我们虽然尽量把培养工作做在前面，但孩子还是会出一些状况，犯一些错误。孩子本来就是在犯错误中长大的，但我们不能等问题大了，明显了，严重了，再来帮助孩子。我们要懂得防微杜渐，尽量把帮助工作也做在前边，让孩子体会到我们是在真诚地、与人为善地帮助他，“严字当头，爱透其中”，这也有利于搞好亲子关系。

为了让家长可操作，在这个建设性家庭教育思想之下，我还为大家预备了一套叫作“阳光教育”的 30 个家教方略。比如“长善救失法”“竹节策略”等。

### 2. 研究成果独具特色

我的成果最大的特色，一是方法多，二是关注学习成长的内容多，包括 “三学教育”，也称“大三学教育”和“小三学教育”。“大三学教育”，即乐学（学习动力的培养）、勤学（学习精神和作风的培养）、巧学（学习方法和能力的培养）的教育；“小三学教育”，即培养孩子快乐地、主动地、智慧地学习。这就使我们的家庭教育不是空泛的要求，而成为需要我们带孩子进入的具体的学习状态的方法。我特别把传统的教育“三合一”的提法改为“四合一”的提法，加进了重视孩子本身的内因，形成孩子积极上进的内因、家长积极成长的家庭教育影响力、学校正能量的教育影响力和社会上正能量的影响力这四股力量，合力的教育才能成功。而且我还为家长们提供了培养孩子学习内因的具体教育思路。

### 3. 重视家庭教育的规律总结和提炼

家庭教育有三大规律，即因果规律、奠基规律和互动规律。讲因果有利于家长注重自己在初始不要播错种；讲奠基有利于家长重视自身家庭教育的重要性，重视教育的阶段性；讲互动有利于家长重视自身在孩子出生后的再成长，重视用自己昂扬向上的生命状态去带动孩子的生命状态，获得更好的共同成长。我还总结出德育的“三三律”、智育的“三四律”，引导大家科学地摆对智育同德育的关系，合理地做好早期、学前、适应小学和适应小学后的家庭培养，争取孩子在12岁前于智育上为可持续发展奠定一个良好而扎实的学习成长基础。

为了便于大家对照孩子的实际情况开展教育，这本书的内容主要有两大方面，一个方面是针对不同年龄段的孩子提出的一些有侧重性的家教微课，另一个方面是针对家教智慧、家教方法、学习品质的培养、父母自我修养四大主题进行分享，基本囊括了我几十年来的家教理论和实践经验。希望家长们爱读，觉得有用，并付诸家庭教育实践，这就是我最大的欣慰。

在这里，特别对协助整理、编辑书稿的特邀编辑姚雪梅和梁式明表示敬意和感谢。对广西科学技术出版社对于本书的出版发行表示衷心的感谢。

杨春成

# 目录

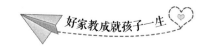

## 第三章 6~12 岁：适应培养、强化培养和铺垫性培养



## 第四章 父母的爱需要智慧

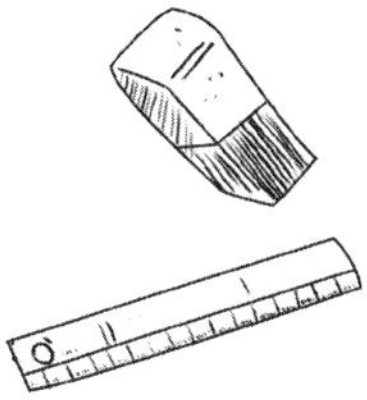

## 第五章 家庭教育需要合适的方法



## 第六章 学习品质需要精心培养

## 第七章 父母需要学习和修养

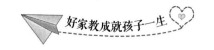

# 导　言

## 建设性家庭教育的奥妙与操作

如果你发现现在自己的家庭教育具有“亡羊补牢”的特点，一直跟在孩子问题的后面跑，十分吃力，十分被动，最后甚至演变成“发火教育”，把培养人的家庭变成了改造人的战场，把好端端的孩子“逼上梁山”，把过去良好的亲子关系、家庭氛围和教育效果都破坏掉了，使自己的教育完全失控，那么，你找到建设性家庭教育，应该祝贺你，你选对了！整套的建设性家庭教育，既有健康的教育理念，又有智慧的教育策略，还有实操性的具体方法。当然，如果你从零的起点就选择了建设性家庭教育，那就更应该祝贺你，你学习在前，握住了主动；你培养在前，规避了失误，看着你的教育和你的孩子都可以比较顺利地发展，值得肯定。

那么，什么是建设性家庭教育呢？

建设性家庭教育是“立字当头，破在其中”的家庭教育。“立”就是建设，建设就是培养，建设性家庭教育主张我们一定要把对孩子正确的培养工作做在前面。比如有一个家庭不重视给孩子养成合理的睡眠习惯，因为妈妈主张“睡到自然醒”，结果这个孩子每天早上都睡到九十点钟，因此她的作息在幼儿园生活中是紊乱的，后来这个孩子上了小学完全不适应。另一个家庭，爸爸和爷爷奶奶都认为孩子应该养成“跟着太阳走”的作息习惯，因此孩子从小就是早睡早起，进入小学以后也能顺利适应学校的作息时间。正确的培养工作在前面做好，家庭教育就主动了，就可以规避“亡羊补牢”和“发火教育”，孩子的成长就会比较顺利，家庭教育就会“举重若轻”。

就算孩子成长中出现了一些问题，也是自然的。我们也可以通过培养的方法来消除掉问题。这也在“立字当头，破在其中”的方略之内。在“阳光教育策略”中有一个“长善救失法”，即通过长善（培养优点）来达到补救孩子身上缺失的方法，被许多家长验证了是一个绝顶智慧的好方法。比如粗心是不少孩子都有的毛病，你批评来批评去孩子也改不了，如果你换成“长善救失”的思路，效果就大不一样了。你在需要克服的缺点对面找到可以取代它的“待培优点”，暂时回避那个缺点，而去专注培养这个“待培优点”，例如培养孩子的责任感、训练孩子细心做事，当孩子的优点生长起来，强大起来，那个缺点自然就消失了。我们把自己教育的重心放到培养孩子的阳光面上，孩子身上的优点、优势升上来，正能量壮大起来，阴暗面就退掉了！

建设性家庭教育的奥妙就在这里。一张好弓，不能老挂在墙上，一定要拿去使用。建设性家庭教育如何操作呢？其中有这么一些亮点，是值得家长朋友操作起来的。

第一，一定要学会衔接性培养和铺垫性培养。这是两种不同指向的家庭培养工作，衔接性培养更多的使用在培养孩子天赋素质上，指向已经存在的、发生的本性表现、天性品质、潜在智能等，我们都应该给予及时的、科学的、正效的培养，不要埋没了孩子；铺垫性培养指向孩子的未来，利用现阶段的培养任务“为了明天，做好今天”，是创造未知的、可预见的、可持续发展的未来的家教方法。这两个方法，是送给家长的基本的家庭育人方法。操作好这对“左右手”的关键，是父母需要有敏感的教育观察力和教育预见力。多学习、多思考、多实践，是提高自己这两个能力的成长途径。你重视对孩子的培养，你心细，就容易发现培养点、培养时机；你多学习，懂得了规律，了解孩子的特点，就不会盲目培养，而容易进入科学育人；你多尝试，善总结，就容易提高教育的成功率；你悟性好，就容易意识到自己今天的一个态度、一个行为会在孩子明天产生什么结果，你的教育就容易稳定在建设性家庭教育的轨道上。衔接性培养和铺垫性培养，是建设性家庭教育奉献给家长做好家庭育人的法宝。

第二，一定要明白“栽树养根，育人育本”的常识。我们现在许多家庭的教育工作，做了许多“术”这个层面上的事情，其实，家庭教育最紧要的任务是德育，一定要培养孩子首先会做人！现在，家庭把孩子送到学校去接着培养，学校不满意，因为不少孩子缺乏知识教育起点上需要的基本素养，老师工作非常艰苦；家长也不满意，因为自己不熟悉“术”的工作，做不理想，做得吃力，“发火教育”诞生，花钱“购买教育”也应运而生，社会上以攀比为特征的应试教育愈演愈烈，整个教育演绎非良性循环。家庭教育是整个教育的源头，我们要正本清源，家庭教育首先要回归“立德树人”。建设性家庭教育支持这个回归，主张对孩子首先要做好“根部”的培养，一要做好孩子的品性培养，二要做好生命意义上的学习品质的培养。

第三，树立正确的起跑线意识，教会孩子自己培养自己。家庭教育必须加倍注重起点培养，重视早期的起点育人，重视孩子每一个“第一回”，重视孩子内因这个足以让孩子更好成长的起点。孩子哪一天快速进步起来了，他们就跑起来了。家长唤醒了孩子的内因就是孩子真正的起跑线！我们现在的家庭教育，不太注重孩子内因的培养，而是重视给压力，非常不利于孩子的心理健康。建设性家庭教育格外重视孩子的内因培养，特别给了大家一个“教会孩子自己培养自己”的教育举措，这个举措就是为了释放孩子学习成长的主动性，引导孩子走向自律、自强、自主。教会孩子自己培养自己是父母的培养做得好孩子会出现的一种生命状态，也不是一步能到位的。它有赖于过程培养、方法育人、榜样带动等手段。凡是培养，都必分步骤。我们家长都应该学习和掌握这个方法。如果哪一天你的孩子出现了自己培养自己的行为，你一定要及时衔接上孩子主动的行为进行科学的培养，肯定、鼓励、引导就是最好的衔接性培养，合理设计步骤、选择适合的举措就是科学的铺垫性培养。建设性家庭教育在这方面有其独特而鲜明的认知，和有利且有力的举措。

第四，最好的家庭教育就是父母带头做最好的自己，和孩子一起做更好的自己。这才是有效陪伴。比起拿时间来陪伴孩子，家长以最好的生命状态来带动孩子是更重要的；比起用一把椅子坐在孩子身边的陪伴学习，家长以亲情的魅力和事业的标杆走进孩子心灵是更重要的。我们培养孩子要培养阳光的心态、认真的学态和饱满的生态，我们自己也应该表现出如此“三态”。因此，建设性家庭教育主张“阳光的心态带出阳光的孩子，向上的家风教出向上的孩子，燃烧的生命点燃心藏火种的孩子”。父母及其他亲人构成了孩子身边的育人环境，这个环境不知比物质条件重要多少倍。孩子从来就是在适应中成长的，他的适应并不是被动的而是主动选择进行的。父母应该衔接孩子的适应力排除溺爱，培养好孩子的生命力，衔接孩子的选择力排除干扰，培养好孩子的是非观、价值观，这才有利于孩子做更好的自己，向更好的方向发展。

成功的家庭教育一定是合力教育，孩子积极的内驱力、家庭教育积极的影响力、学校教育积极的影响力和社会正能量的影响力，四力缺一不可。建设性家庭教育倡导全社会尊师重教，真正懂得尊师重教和合力教育的人才可能获益匪浅。

建设性家庭教育不是直接照搬过来的纯理论，不是象牙塔里的“阳春白雪”，而是扎根向下为家长服务的、为他们量身打造的现代中国的家庭教育知识。它为什么这么深受家长们欢迎？恐怕奥妙就在于此。

# 第一章

## 0~3岁：好习惯养成和衔接性培养

人生的起点并非自由，而是好习惯的养成。不要以为养成教育是开始于说教、灌输、要求，不是的，而是要用直接带入法，能让孩子从一开头就顺利进入健康、正确、利好的生活轨道。这是家庭教育的智慧，是建设性家庭教育力主的。孩子养成好习惯是给孩子一生的奠基，是对孩子“根部”的培养。能否在早期给孩子养成好习惯，这是家庭教育得与失的关键。每一个孩子身上都带有某些先天的“宝藏”，我们无察觉，无意识，就会浪费掉孩子的“资源”，因此我们应该学会敏感地发现，及时而科学地衔接上这些先天的“资源”并进行适合的培养。有没有、会不会衔接性培养，才是真正造成素质差异扩大的教育原因。

## 写给刚生小孩不久的家长朋友

婴幼儿期，即孩子从出生到大约 3 岁期间。这一段的家庭教育虽以养护为主，但培育的内容并不是可有可无的。

3 岁前是个体神经系统结构发展的重要时期，所以你说培育重要不重要？但培育不是乱培育，乱培育不如不培育！我们提倡科学地培育，科学培育就是要尊重孩子自身的身心发育特点，要因势利导。

孩子出生以后，最早开始的教育就应该是亲子教育，然而这个教育的过程会很长，是随着孩子由小到大逐步开展的，教育的目标就是形成亲子依恋关系，然后随着孩子独立性的培养向形成亲子依靠关系发展，一定要注意避免的是不能形成亲子依赖关系。依赖关系会极大制约孩子的独立性和生存能力的健康发展！

孩子的体育也应该是开始比较早的，但这时的体育和孩子大起来之后的体育是不同的，因为孩子尚幼小脆弱，健康和安全是最紧要的。然而孩子的身高和体重在这个阶段均应该有显著增长，对各项健康指标是否达标你要关心，如果不达标你应及时请教医生；对促进孩子逐渐掌握人类行为的基本动作，你一定要遵循由头至脚、由中心至外围、由大动作至小动作的发展原则；在生活中让孩子多看、多听、多运动、多抚触，带领孩子开展一些适当的运动、游戏，以全面增强儿童体质。婴幼儿体育做得好，比如让孩子在游泳、爬行、观察、听闻、触摸等综合性训练过程中获得各种感官活动的经验，以及用亲子游戏的形式发展孩子双手协调、手眼协调等精细动作，这些可以促进孩子的感官发展，促进孩子的直觉动作思维发展，但特别要加强家庭保护，防止意外伤害发生。同时，我们一定要学会倾听、分辨孩子的“语言”，不要让孩子急躁，学会安抚孩子的情绪，保护孩子情绪上的稳定，这是为了孩子形成健康的心理和好的性格品质。

这个阶段中，孩子有一个语言能力迅速发展的时段，对孩子的母语学习你一定要格外注重，这是孩子智育的开始。提供良好的言语示范，促进儿童语言能力发展，即是促进孩子思维的发展。家长应为孩子创设单纯、宽松、愉快的语言环境，运用带动的方式鼓励孩子多开口，积极回应孩子的言语需求，鼓励小朋友之间的模仿和交流。其实，孩子出生不久就会表现出乐于探索周围世界、适应周遭环境的主动学习能力，这是人类的一种生存本能，你培育它，它就会发展起来；你忽视它，它就会自生自灭。你一定要改变一种传统认知，以为智育就是知识教育，早期教育就是知识教育，不是的，衔接孩子在不同时间表现出的人类潜在智能“苗头”，因势利导地加以培育，这是智育更重要的内容。另外，因势利导地激发孩子的想象力和好奇心，也是智育中非常重要的内容。在这个阶段中家长应该为孩子提供抓握、把玩、涂鸦、拆卸等活动的设施、工具和材料，用心欣赏孩子的行为和作品并给予鼓励，分享孩子的快乐，满足孩子好奇、好玩的认知需要。

在这个阶段中，孩子已经会表现出一定的交往倾向，我们应该去促进它，这有利于孩子智力的开发、良好个性的形成和社会生存能力的发展。在我们与孩子的交往中应注意多给孩子鼓励和支持，多学习亲子沟通的技巧，以亲切平和的姿态与孩子沟通，客观了解和合理对待孩子过度的情绪化行为，有针对性地实施适合孩子个性的教养策略。尊重孩子特别重要，尊重不是把孩子当作“小太阳”，而是把孩子当作一个独立的人。培养孩子形成健康的独立性，培养他们独立的能力，是一项循序渐进的重要教育任务。孩子到了进入幼儿园的时候是一个考验，我们在前面的过程中应帮助孩子锻炼适应集体生活的能力。

在这个阶段中，教育仰仗的基础应该是爱的情感，教育仰仗的条件应该是良好的情感关系，孩子的听话、幼小年纪可塑性强等特点，教育仰仗的主体方式应该是高效的养成教育——我们应该先领孩子进入健康的生活轨道、文明的行为轨道、积极的学习轨道和良好的审美情趣轨道。刚开始形成生活习惯、行为习惯不能出错，错了以后很难改。培养孩子热爱学习应从爱听故事开始，从快乐开始，若从压力开始是害了孩子！审美情趣的形成，这是德育的自然性前提，而德育是3岁前孩子教育的重中之重。在孩子的培养中，必须有两项不可或缺的内容，即孩子节制自己欲望的品质和尊重秩序与规则的意识。现在不少孩子教育不好，就是因为这个起点教育没有做好，甚至完全做错了！这个阶段教育的重要性，就表现在家庭教育的水平对孩子的一生是奠基性的。这个阶段家庭教育特别应当注意避免的失误，就是由于我们家长不学习、少学习，而使自己的教育进入到因起点失误造成的一种以批判性、校正性为特征的非良性循环状态。

### 杨老师寄语

教育并非不停的说教，并非愤怒的训斥，并非恨铁不成钢的棍打；教育当然需要雄辩的说理，需要动情的教诲，需要艰苦的锤炼，然而教育更是春风化雨，更是生命互动，更是榜样示范，更是向导带路。因此，教育考验家长的素质水平。

## 早期教育到底应当做些什么

有一位父亲就孩子的早期教育问了一系列问题，大致是要不要进行早期教育，有人赞成，有人反对，有人担心早期教育是不是会让孩子在进入小学之后失去发展的后劲，等等。

我想，问题的关键不在于简单地否定或简单地肯定，而在于一定要搞清楚 3 岁前的孩子和幼儿园阶段的孩子到底需要不需要教育，他们特别需要的教育是什么。

教育有一个规律，前一个阶段的教育总是后一个阶段的“因”，或者反过来说，我们总会在后一个阶段上看到前一个阶段教育的“果”。

一般说，家长都是在孩子到了小学之后才发现前一阶段上自己教育的失误的，这时候往往就着急起来，于是见子打子的、批判式的、纠治式的“发火教育”就开始了。

让自己具有教育的预见能力，在前面的教育中规避失误，把该做好的教育扎扎实实做好了，这样就可以尽量避免“亡羊补牢”，使孩子在后面发展得更好一些。这就是建设性家庭教育所主张的。

为了帮助大家提高教育的预见能力，我根据常见的后面发生的教训特别有针对地讲一讲学龄前孩子的早期教育到底应当做些什么。

（1）如果孩子在 3 岁左右就表现出特别霸道、任性、无理，或者娇气，一般来说，这是家庭溺爱环境造成的。为了避免这种情况的发生，我们在孩子 1~3 岁期间必须培养他们形成节制自己欲望的品质，培养他们建立规则意识和秩序意识。这是早期德育的重要内容，是德育为先的具体体现，是人生奠基的具体落实点。灌输（比如通过说故事）与行为养成教育（比如通过第一回的行为入轨）是主要的教育方式。

（2）如果孩子进入幼儿园表现得特别不适应，那是因为在前面我们没有培养好孩子的独立性、生活适应能力、一定的生活自理能力、生活中的自然交往能力和对集体学习生活的热爱。所以，在上幼儿园之前，孩子独立生命能力的综合培养是早期教育的重要内容。

（3）一些孩子在进入小学之后暴露出来的学习品质上的缺失，比如注意力不集中、无定力、不热爱学习、无良好学习习惯、一定程度的学习能力滞后等，这都是在入学前没有做好培养的结果。

有这么几个明显的原因影响了科学的家庭早期教育。

（1）没有注意到孩子专注品质的培养，家长在这方面的学习没有跟上。

（2）受不能让孩子输在起跑线上的思潮误导，过早抓了知识教育，用知识教育冲击了早期教育的内容。

（3）没有注重给孩子养成动静结合的性格特点。

（4）没有从孩子爱听故事开始一步一步培养好孩子对阅读和学习的兴趣。

（5）没有注重发现、保护和衔接培养孩子的主动学习意识。

我们应该从规避以上这些教育失误的前因出发，反其道而做好正向的教育培养工作，也就是要有针对地不犯他人犯过的错误，做好自己的建设性家庭教育。

下面特别讲一讲学前的早期教育（一般从孩子会说话之后开始），我们必须扎扎实实做好的工作。

（1）养成重于知识本身。在幼儿园的指导下，与老师形成合力，完善对孩子具有奠基性的养成教育。一个是好习惯的养成，一个是学习书本知识，在孩子学前先给孩子养成好习惯更加紧要，这是领孩子走上一条正确的轨道的必备条件，这就是我们常说的“根部的培养”。孩子爱学习了，习惯好了，将来不愁他们学不好书本知识。学书本知识主要是上小学之后的事情，家长常常用后面的任务冲击了第一步的工作。因为在孩子上幼儿园之前家庭里的养成教育具有随机、随意的特点，所以孩子入园后一定需要“家园”配合抓好孩子的全面的养成教育，这非常有利于帮助孩子适应集体生活，获得健康的独立性发展，这是有利于孩子一生的。

（2）培养注重“季节”。观察孩子稳定的兴趣点，发现孩子潜在智能的“冒头”，做好衔接性培养。孩子的成长是有阶段性的，我们必须尊重孩子自身成长的“关键期”。孩子的一些天赋特质、某些潜在智能，如果父母没有敏感的观察，没有培养的意识，就会耽误孩子，就会浪费掉孩子身上的“天赋资源”。然而，如果家长没有重点地培养，比如什么“兴趣”都培养，一是会增加孩子学习的负担，得到事与愿违的结果；二是因为你培养的并不是孩子真正的兴趣、真正的特质，结果倒给孩子养成做事浅尝辄止、虎头蛇尾的坏习惯。因此，我们需要学会以观察为基础的衔接孩子具体情况的及时而科学的培养。同时，不要因为重视了孩子特长兴趣的培养，而忽略了孩子需要的对书本知识的学习兴趣的培养，即求知欲、好奇心、质疑心和想象力的培养，还有重要的阅读培养和经历、经验的积累。

（3）坚持“玩中学”，重在素质培养。①尊重玩耍在孩子成长中的特殊作用，让孩子在快乐中培养学习品质，规避学习从负担和压力开始，培养好孩子对知识的热爱，保护好孩子的好奇心，培养好孩子的想象力、质疑力。②接触知识，但绝不提前进行知识教育，保护好孩子学习中的新鲜感，丰富孩子的感性知识、美感和心灵感受，锻炼孩子的记忆力、观察力、注意力、理解力、体验力、表现力、合作力和动手能力。

只要我们重视早期教育，懂得尊重孩子成长的阶段性，既不延误培养，也不超前培养，而是科学地做好早期教育应当做好的培养工作，既避免只讲“顺其自然”不讲培养教育的倾向，也避免“拔苗助长”强化训练的倾向，就不会发生跟不上或无后劲的情况。

早期教育的品性养成，特别是学习品质的养成，决定着每一个孩子日后的可持续发展。逐步做好为了明天而需要今天扎扎实实做好的铺垫性培养，养成有利于帮助孩子适应小学学习生活的情感、态度和价值观，养成定时的学习习惯和一定的学习能力。对的早期教育，促进孩子“好好学习，天天向上”；错误的早期教育，会导致孩子产生厌学情绪，成绩倒退。这就是铺垫性培养的意义。

杨老师寄语

立规矩，抓养成，懂道理，养节制，必须是孩子人生入轨的第一步。家庭教育不能跨越发展！

亲子互动游戏

### 用大浴巾玩的游戏

**作用**：培养幸福感、专注力。

**时长**：5~10 分钟。

**玩法**：

①**荡秋千** 爸爸妈妈分别抓住大浴巾四个角，让孩子躺上去，然后像荡秋千那样摆过来摆过去。注意玩的时候不要离地面太高，以免摔伤。

②**拔河** 妈妈和孩子抓住浴巾一头，爸爸抓住另一头开始拔河，爸爸妈妈要做出使劲取胜或失败的搞笑动作。

# 早期的衔接性培养

孩子出生以后，与生俱来的一些素质“苗头”会在生活流中不断冒出来，这时候需要我们大人有敏锐的观察力，发现它并及时地给予科学的培养。这种带有衔接性的培养行为，我就管它叫作“衔接性培养”，它是我总结出来特别送给家长们的一个方法。

早期教育阶段的家庭教育是真正的素质教育，是需要我们及时衔接孩子的素质进行培养的时段。由于一些家长没有学习在前，不懂得、不会做这个衔接性培养，这就造成了孩子与孩子之间的差距。而把孩子的先天素质、天赋潜能培养光大有一个特点，就是不能误了“季节”，如果我们在“黄金时段”没有科学的培养，或者培养失当，光靠“亡羊补牢”会付出十倍百倍的代价，而且还很难弥补回理想的程度。因此，学会这个衔接性培养非常重要，而且不光是孩子的早期需要衔接性培养，我们掌握了这个方法日后还可以用于衔接孩子潜在的特质、优点、优势进行培养。

为了帮助家长们比较快捷地学会这个方法，我们先来谈谈衔接性培养的四个重点。

## 1. 衔接孩子的适应能力来培养

孩子天生就有适应的本能。适应能力就是孩子帮助自己成长的主动学习能力。打一个比方吧，孩子的成长有点儿像水的流动，水流向哪里，是周围地形地貌决定的，孩子的成长是他们出生后接触到的环境决定的，是孩子周围的人以及这些人给孩子创造的条件，其中特别是周围人的教育态度、教育行为来决定的；水自己适应着环境向前流着，孩子也是在主动适应中发展的。

因此，我们在家庭教育中，一方面应善于利用和强化孩子的适应能力来培养好孩子的生命能力。比如孩子刚出生还不适应日出日落的自然规律，他们的作息是不符合我们习惯的，所以我们一定要用一些技巧让孩子适应正常的作息，经过我们的调整孩子就养成了良好的睡眠习惯，这就是调动了孩子的适应能力。凡是孩子第一回做的事情，我们都应当想到要衔接孩子的适应能力，让他们直接进入到良好的习惯中去。如果我们溺爱孩子，孩子对自然和社会的适应能力就会下降，孩子就会表现出不适应或反转过来要求你一味地迁就他们。一些家长意识到了这样对孩子是不利的，所以他们就在孩子大一些之后给孩子做一些锻炼生命能力的教育活动安排，这就是强化孩子的自然和社会的适应能力，是很好的做法。

另一方面则应重视我们自己给孩子的家庭育人环境，也就是我们的教育态度、教育行为一定要有利于孩子在适应的过程中向利好的方向发展。做这个事情，有点儿像拿着一把铁锹站在小小的水流旁边，一方面敏感地注意着水流的情况，另一方面希望水能够流向利好的方向，这时我们会使用手上的铁锹不时地给水流疏通一下，挖一段水道，或挡一道泥坎，让水可以流向我们期待的方向。我们做的这个工作就是帮助孩子向好成长的养成教育，首先从帮助孩子形成良好的生活习惯开始，从促进孩子健康发展的适宜的体育开始，然后养成良好的行为习惯、学习习惯和审美习惯。

孩子出生以后直至6岁这一时期，做好他们适应能力的衔接性培养非常重要，大致包括以下几点。

（1）利用孩子的适应能力让他们很好地养成各种良好的习惯。

（2）利用孩子的适应能力让他们逐步接受对大人依靠同时的独立。

（3）利用孩子的适应能力让他们形成健康的自我意识。

（4）利用孩子的适应能力让他们顺利地适应幼儿园教育。

（5）利用孩子的适应能力让他们通过“玩中学习，乐中成长”的过程培养小学阶段知识学习的心态、动力和素养。

## 2. 衔接孩子的模仿能力来培养

小孩子是在模仿中成长的。模仿能力是孩子与生俱来的学习能力。但孩子刚开始还没有判断是非和利弊的能力，也就是说，好的他们会模仿，不好的他们也会模仿。那我们大人怎么办？我们大人一定要管住自己，懂得自己的哪些习惯是对孩子有利的，哪些习惯是不利的，向孩子提供正向表率。

我记得在我女儿很小的时候，一次秋凉季节，我给妻子披一件毛衣，我突然发现孩子的目光在注视着我，我马上就意识到这是一个教育的时机，于是我就像电影里的慢镜头那样，夸张地做着每一个动作，同时对女儿说：“天气凉了，容易感冒，所以给妈妈披上一件毛衣，你会做吗？”女儿点点头。我又说：“明天你来做好吗？”女儿又点头。第二天我就提醒女儿，她赶紧把毛衣抱来，爬上一张沙发，沙发对于她当时的个头来说比较高，她爬了好儿回终于爬上去了，然后就开始给妈妈披毛衣。我观察着她，发现她的每一个动作竟跟我昨天的一模一样，简直模仿得惟妙惟肖！这就是衔接和利用孩子的模仿力，发挥正向表率的作用对孩子做“爱的教育”。

## 3. 衔接孩子的玩耍来培养

小孩子是在玩耍中成长的。其实，不光小孩子是这样。我曾经在草原上插过队，亲眼看到那些小马驹也是在相互嬉戏中成长起来的。因此，我希望家长朋友悦纳孩子的玩，玩耍对于小孩子就是练兵。禁止小孩子玩是很蠢的！但光让孩子玩，一直玩下去，也是很愚蠢的！我们一定要学会引导孩子走好“玩中学习”“玩中成长”的一段过程，让孩子的学习从快乐开始，从热爱开始，以便可持续发展。

有一位父亲，真是我们学习的好榜样。他的女儿很小就开始学英语了，大概是刚会说母语不久吧。一次偶然的机会，他发现女儿在玩布的动物玩具，他就参与进来，女儿手里拿着一只小熊，他手里就拿上一匹小马，跟女儿一边玩，一边带她学习说起简单的英语来。女儿笑得咯咯的，竟然真的就跟着说出了口。从此，这对父女就这样在游戏中开始了英语听说的学习。这位父亲后来总结，因为女儿的英语学习完全是从兴趣开始的，所以便一发不可收。这个女儿现在已经长大了，英语学科一直特别好，从小被人家说成是神童，但神童就是这样由父母衔接着孩子的玩耍培养起来的！

现在不少父母培养孩子的学习总想着一步登天，跨越式发展，马上就给幼小的孩子开始小学式的学习，这样孩子的学习会从负担开始，从压力开始，从苦恼开始，即便我们能看到眼前的成绩，也是很难持续发展的。倒是这位父亲扬己所长、因材施教、因势利导的做法更令人深思啊！

### 4.衔接孩子的主动学习来培养

孩子是在生活中学习成长的。你不引导、培养和发展孩子的学习能力，孩子肯定就没有好的前途。孩子具有好的学习能力，就是有了好的生存力、发展力。但现在许多人对学习的理解很片面，以为学习就是死读书、读死书，那是不行的！学习是一种广义的自我更好生存、更好发展的能力。当然也包括能读书、会考试，但这仅仅是学习的一个角落。孩子天生就有主动学习的能力，比如会观察。当有了听力，某一个方向飘来一个声音，这时他们就会注意那个方向，这就表现出了他们的观察力，当然也有兴趣点和专注的特点，这实际上就是孩子在主动认识世界。孩子的学习能力还表现在天生会模仿，通过模仿来学习。出生后很快就表现出他们会动脑，因此会调适，会行动，会产生对付我们的办法，大一点之后还会问一系列的问题……可是如果我们没有衔接着他们主动学习的能力好好培养，他们的这种能力就会不进则退。

因此，我们必须善于敏锐发现、及时利用和锻炼孩子主动学习的能力，比如发现他们主动学习的时机，主动学习的地方，这时就要意识到培养的时机到来了，抓住时机衔接着做一些培养，这样孩子才能保持他们主动学习的能力。比如一位爸爸突然发现自己的儿子在拆卸家里的闹钟，本来他是准备发火的，但他猛然想起我在一次上课时对大家的提醒，千万不要让一个发明家在自己手里毁掉，于是他立即抑制了情绪，改成了同儿子一起拆，然后又一起装回去，这样儿子就多了一次学习的过程。

### 杨老师寄语

必须善于利用孩子早期的愿望、好奇、想象、质疑、梦想帮助孩子树立理想、志气。一些家庭不重视培养孩子有理想、有志气，当看到孩子不思进取，甘居平庸，发展堪忧，才着急起来，但是此时已经很难改变了。

### 堆硬币

**作用：**培养挑战精神、专注力、平衡力。

**时长：**5~10 分钟。

**玩法：**

先让孩子自己说一次能砌高几个硬币，然后开始工作，爸爸妈妈在旁边一齐观看并帮着数数，倒了要重新开始，看看最高能砌几个，并用本子记下来，下次再来挑战这个记录。

## 早期教育重在四个“养成”

对孩子的早期教育重在养成，我总结了四个“养成”。

### 1. 孩子健康生活方式的养成

生活就是教育。健康的生活方式，就是健康的教育；不良的生活方式，就是不良的教育。生活方式，决定着孩子今天的生命状态，也决定着孩子未来的生命状态。我提出以下几点建议。

（1）培养孩子良好的生活习惯、卫生习惯，逐步养成良好的睡眠、进餐、洗漱、排便等习惯。

（2）对孩子实施科学养育，注重膳食平衡，不要随便吃营养保健品，提倡吃杂粮、喝白开水。

（3）培养孩子对体育活动的兴趣，引导其参加适当的体育锻炼和户外活动，以增强体质。

（4）创设和谐的家庭环境，使孩子情绪愉快，培养孩子活泼开朗的性格和健康的心理。

（5）帮助孩子掌握生活中最基本的安全常识和技能，具有初步的自我保护意识和能力。

（6）教育孩子乐于接受体检与预防接种，鼓励孩子不怕打针吃药，培养孩子勇敢的品质。

### 2. 孩子良好品德行为的养成

孩子良好品德行为的养成非常重要，实际上就是在孩子不懂事的时候开始给他们定方向，定生活的态度，定生活的轨道，犹如计算机的编程。孩子常常不是先懂了道理再去做，而是做起来才懂得了道理。重视养成，就是重视实践在教育中的作用。养成，就是行为的训练，是在一张白纸上写最新最美的文字，画最新最美的图画。我们许多家庭经常等孩子不知不觉养成了一个坏毛病，然后再来批评，再来纠正。教育并非纠正，批评也不等于教育。等小树长弯了，再来校直，这就增加了教育的难度。因此，教育应当开始于一张“白纸”，开始于孩子还不懂事的时候，这时候最适合的教育，就是养成教育。这阶段养成教育应做好如下一些事。

（1）教育孩子讲文明、懂礼貌、守纪律。培养孩子诚实、勇敢、勤俭等良好的品德行为。

（2）教育孩子能与小伙伴友好相处，关心他人，有同情心，爱父母、爱老师、尊敬老人。

（3）正确启迪孩子的自主意识，指导孩子形成初步的生活自理能力，养成自己能做的事情自己学着做的习惯，培养孩子通过学习增强实力来形成自信心。

（4）培养孩子的社会适应性和善于与伙伴合作、交往的能力。

（5）培养孩子做事有责任心，要能有始有终地做好一件事。

（6）教育孩子要爱惜公物，保护环境，遵守公共秩序，培养孩子具有规则意识。

### 3. 孩子科学学习习惯的养成

养成教育，不仅应注重训练孩子养成健康的生活方式，养成良好的品德行为，而且应注意引导孩子把积极向上的学习态度、勤奋刻苦的学习精神和科学高效的学习方法等都养成习惯。科学学习习惯的养成，关系孩子各种素养的发展，关系孩子一生的发展，是比知识教育更加重要的教育。家长必须给予高度重视，做好如下教育工作。

（1）培养孩子的求知欲与探究精神，鼓励他们好学、勤学、爱问的积极态度，并逐渐养成习惯。

（2）引导孩子养成能专心听别人讲话，乐意讲述自己所想、所做、所见的事情，培养孩子学会理解日常生活用语，发展好语言能力，促进大脑和神经系统的良好发展。

（3）引导孩子学会观察周围的各种事物、现象及其发展变化，促进孩子观察能力和认知能力的发展。

（4）创设良好的语言环境，多与孩子交流、沟通、讲故事，并引导和鼓励孩子参与讲述，指导孩子独自翻阅画册、图书，培养阅读兴趣，形成大胆开口、喜欢沟通的习惯。

（5）向孩子提供适量的、与其发展相适应的玩具、材料，并保证有一定时间与孩子一起开展游戏，寓教于乐，增进亲子关系，保护孩子的童真。

### 4. 孩子审美习惯的养成

我们教育孩子，说得简单点儿，就是教人求真、求善、求美。真、善、美，是光明人生的三个基点。丢弃了任一个基点，人生都不会有光明。教育家陶行知说："千教万教教人求真，千学万学学做真人。"强调的是真。教育鼻祖孔夫子强调"仁"，这"仁"的基础实际上就是善。民间的教育中一向有个传统，就是教人从善。我要跟大家强调的是第三个基点"美"，孩子没有健康的审美情趣，实际上另外两个基点也很难建立，建立了也会动摇、丢失。人们求真，甚至为真理而献身，是因为那是美的；人们求善，甚至因助人而牺牲，是因为那是美的。追求美感，是人类的天性。美感生病了，所以才会有不文明的行为，才会有诚信的丢失，才会有助人上的窘迫。美育是非常重要的。

希望每个家长趁着孩子小可塑性强，培养好孩子健康的审美习惯。

（1）带孩子到大自然中去，引导孩子去感受大自然的美，陶冶情操，培养孩子热爱祖国山山水水的情感。

（2）多带孩子去参观各种类型的展览馆、博物馆、风景名胜等，开阔孩子的眼界，培养孩子热爱祖国文化的美好情感。

（3）引导孩子欣赏音乐、美术与可理解的文艺作品，用好的文艺作品来陶冶孩子的情趣，培养孩子初步的审美能力。

（4）鼓励孩子用唱歌、舞蹈、绘画、手工等各种形式来表达自己的感受和内心的情感，学会健康的释放情感的方式，同时，发展孩子的想象力和创造力。

### 杨老师寄语

养成一个优点，会携带一生；养成一个缺点，如果不是自己痛改前非，也会携带一生。因此，看到孩子身上不好的、不利的表现，我们一定要坚持教育原则，你可以（也应该）讲究教育方式方法，但不能姑息，不能放纵。

## 养成必须从定时做起

教育需要智慧。用定时调动孩子的条件反射，这就是养成的智慧。我为什么要告诉大家养成需要从定时做起呢？

首先，孩子出生之后，有一件要事就是我们大人应注意调整孩子的作息生物钟，使其逐渐接近我们大人正常的作息规律。为什么呢？虽然孩子要多睡一些，但如果孩子昼夜颠倒，这问题就大了，我们大人会苦不堪言。白天要上班，晚上不能睡，那怎么得了？

有一个非常典型的案例，就是父母亲在孩子小时候没有注意这个问题，结果一直到孩子进幼儿园了还是不能早起，每天十点多她才能去上学，中午别人午休她玩，别人起床她睡下，傍晚放学她才起床。然后到了晚上她又不睡，父母亲要轮流陪她玩至凌晨一两点。天天如此，你说这对父母如何是好？将来孩子读小学时怎么适应正常的学习生活？

这里有一个教育上的关键点，就是你注意了定时作息的养成，就合理利用了人的生物钟、人的条件反射本能，你的教育就容易做了，而且效果会十分好。预先懂得了这个道理，你就不仅会培养孩子定时作息，也会促进孩子养成定时学习的好习惯。

有一年我回家探亲，去我二哥家看望。我发现我侄女的小孩，到了下午六点以前肯定会在电视机前摆上个小凳，然后自己去开电视。起初我以为她像其他小朋友一样是中意看动画片，再仔细观察，原来她是自觉地跟着杭州电视台的一个节目《跟我学拼音》在学习汉语拼音。那时她是正准备上小学的年龄。她妈妈怕她上小学后学习英语会与学习汉语拼音发生混淆，就训练她这样做的。因为她从小养成了一个定时进入学习角色的习惯，所以学习一贯很好，后来在日本读了大学，现在香港的一个跨国集团公司任职。

由以上正反两个案例，大家一定看清了为什么养成需要从定时做起，明白了定时作息和定时学习其中所包含的教育智慧。

培养孩子养成定时做事的习惯，这是学前家庭教育中必须做好的一件要事。

### 杨老师寄语

孩子生活上好习惯的养成，首先应从合理的、定时的作息习惯开始。你不要小瞧这里的“合理”和“定时”，一个生活作息混乱、没有建立有秩序的“生物钟”的孩子，日后你再怎么要求他们按时进入学习状态也是艰难的。

## 不要老做“亡羊补牢”的事情

我在家长沙龙和家长交流时，发现家长们普遍都在做“亡羊补牢”的事情，比如孩子 3 岁前家长把自己的主要精力放在了养育上，基本不懂得什么教育培养，结果现在在辛苦地帮助孩子改缺点；孩子上小学后家长发现他没有学习的动力，学前自己不知道怎么培养孩子热爱读书，结果现在着急了……这样的事情举不胜举。只有一位家长问的问题是在孩子未发生之前的，这位家长懂得“治未病”。我们提倡教育应有预防的意识，千万不要先给孩子养成了一个缺点，然后再来改造他们！

怎么样才能做到避免“亡羊补牢”呢?

首先，我们家长必须有学习在前的意识。家长的学习就应该这样，一定要主动有个提前量，比如孩子还没出生前学习 0~3 岁孩子的家庭教育，孩子出生后学习 3~6 岁孩子的家庭教育。总之，应该提前一个阶段来学习。

其次，家长必须有比较系统的学习，包括按照分类来大量地阅读。没有大量的阅读量，就无法在自己头脑中形成一个教育的小系统。此外，学习最好是按照阶段来，或者是按照专题来，比如你的孩子准备读初中了，那么，你从小学高年级开始就应该学习初中阶段的家庭教育了；或者你听到别人介绍逆反心理是个大问题，你就可以提前学习一些这方面的家庭教育知识。

最后，学习必须讲求方法。一些家长总是带着“讨得药方，药到病除”的心理来学习，其实，教无定法，每个孩子都是独一无二的，因此，你不仅要通过学习掌握教育的普遍规律，还要研究你孩子教育的特殊规律，开动你自己的脑子，想出既适合你又适合你孩子的教育方式方法，这样你的教育才灵验。所以，你学习时必须边阅读边思考，多一点联想，多一点深入，多一点周全，多一点交流；你光有阅读思考还是不行的，实践一定要跟上，多一点大胆尝试，多一点参考借鉴，多一点随时反思，多一点不断改进。这样，主动、坚持、系统的学习和大胆、动脑、不断的实践结合起来，再加上认真、智慧、有效的总结，人就提高了。你的思想水平提高了，教育能力改善了，自我表率进步了，家庭风气清纯了，你的孩子也就有了可喜的发展。

失误可以成为成功之母，但成功更应该成为成长之母。发生了“亡羊”，必须“补牢”；但不发生亡羊之事，家长们能学习在前，培养在前，预防在前，防微杜渐，不是更好吗？一直地做“亡羊补牢”的事情，做得被动，做得辛苦，做的效果不好，既然这样做家庭教育不智慧，我们为什么还依然不愿意改变自己呢？反转你的家庭教育吧，你只需要把精力花到前边，投在自身，情况就会大不一样，何乐而不为？

### 杨老师寄语

家庭教育一定要注重“前车之鉴”。孩子小的时候，以为没有什么可教育的内容，只注重了孩子的生理发育，而忽略了孩子的养成，忽略了孩子的心理发育、性格形成、智力和非智力品质等许多重要的培养细节，结果造成日后教育全部变成了“亡羊补牢”，家庭教育在时时、处处、事事上陷于被动。这是我们一定要避免的。

## 培养比改造更有效

“家庭教育不是先给孩子养成一个缺点，再来改造他”，这句话是我在一个小学新生家长的养成教育讲座中讲的，我自己也没有想到它让一些家长引发震动，接二连三地有家长打电话给我，告诉我这句话震醒了自己，自己的教育就是整天改造孩子。

我所提倡的家庭教育是建设性的教育，也就是要学习在前、培养在前、防微在前、帮助在前，总之是“立字当头，破在其中”。

现在的家庭教育，许多都是前面不学习，前面不培养或乱培养，结果在孩子身上养成了许多毛病，然后家长就来批评孩子，发火泄怒，最终把孩子“逼上梁山”，闹起了严重逆反，家庭教育失控。

其实，如果先给孩子养成一个缺点，然后再来改造他，是非常艰难的，再高明的老师也不是很容易就做到的。因此，我告诉家长的是聪明的途径。有一位爸爸问我，自己的孩子已经四年级了，不爱学习，就喜欢玩电子游戏，怎么办？我问他孩子原先喜欢不喜欢阅读，他说孩子原先是很喜欢读书的，后来不知怎么就染上了玩电子游戏。我又问他孩子喜欢读书的时候家长做了哪些培养，他说不知道还要培养。问题就出在这里，这位家长没有注重自己的学习提高，不懂得要衔接孩子良好的开端去继续提高他、巩固他的优点，孩子还没有形成发自内心的学习动力，所以在遇到其他诱惑源时就跟着玩兴转向了，现在孩子已经多了一个缺点，我们大人再想改造他就艰难了。这时的家庭教育就会进入批判、改造的“怪圈”之中。

如果家长能够从计划生育孩子时就开始学习，都是提前一个阶段就学习下一个阶段的家庭教育知识，你的培养工作就可以从“治未病”的角度提前进行了，这是在孩子的成长上规避可能产生的失误。例如，你知道孩子在1~3 岁期间一定要先给孩子立起规矩，懂得需要克制自己的欲望，就可以规避孩子任性、霸道、自私；你知道在孩子 2~6 岁期间一定要培养孩子养成热爱阅读、热爱学习、热爱上学、专注向学的习惯，就可以规避孩子在进入小学之后产生的许多问题。这就是学习在前、培养在前的意义。

家庭教育是在生活流中随机进行的，在这个过程中我们应对孩子有比较细致的、及时的观察和了解，做到善于防微杜渐，也就是不能等小问题演变成大问题才去着急，更不要像上面那位家长那样竟然不知道自己孩子是从什么时候开始迷上电子游戏的。我接触过许多家长，其中有不少家长发现孩子的问题还是比较早的，可是问题一直久拖不决，这些家长一直将自己处在咨询当中。总之，帮助孩子的行动要尽量在前，不能看着孩子的问题由小变大。

只有学习在前、培养在前、防微在前、帮助在前，我们才能规避把家庭教育变成了完全是改造孩子的活计，我们不能让育人完全变了味儿！

我们做家庭教育，不能总是对孩子“破字当头”，一味地批评在先，而应“立字当头”，也就是通过正面培养，让孩子身上的光明面亮起来，这时阴暗面自然就消退了。这就是“破在其中”，你原本老针对孩子批评的东西，在你没有揪住不放的情况下，随着优点的发展壮大缺点反而被克服掉了。

早一点发现孩子身上潜在的优点，比批评紧要；着力培养壮大孩子的优点、优势，比奋力改造紧要；通过培养预防孩子可能产生的问题，比“亡羊补牢”紧要；我们自己提前学习科学育人的知识，比临阵着急请教紧要；跟紧对孩子的了解和具体的帮助，比不断提要求、挑错紧要；不断大胆尝试及时解决问题的办法，比长时间停留在讨论孩子的问题紧要。这就是教育的辩证法，教育的智慧。

### 杨老师寄语

如果大家说不会培养，没关系，请大家记牢：保护就是最好的培养！你首先要把孩子的好奇心、想象力、质疑心保护住，肯定、鼓励、给时间和空间锻炼，就是保护，就是很好的培养。你不要说自己不会做，培养未来的创新人才从保护好素质的“种子”“苗苗”开始。

## 亲子互动游戏

### 袜子游戏

**作用：** 培养平衡感、专注力。

**时长：** 10分钟。

**玩法：**

把大小、颜色不同的袜子排成“品”字形或圆圈，袜子间隔距离要适合孩子的步幅大小，孩子一边踩在袜子上假想成通过小河，一边唱歌。游戏结束后爸爸妈妈和孩子一起收拾袜子，教孩子分出大小和颜色，并卷好收纳起来。

## 0~3 岁幼儿的家庭教育效果自评建议

当你的孩子进入了幼儿园，你可以使用这套自评建议来观察、衡量一下孩子的发展情况，这对于你更好地配合幼儿园的教育工作，更进一步地完善和提高自己的家庭教育，促进孩子更理想地发展，无疑是有很大帮助的。

（1）身体发育各项指标达标，掌握了人类行为的基本动作，喜欢多看、多听、多运动、多抚触、多游戏，体质好。

（2）同母亲、父亲都形成了良好的亲子依恋关系。

（3）养成了正常的睡眠习惯（定时、合理、独立、大胆）、睡眠量（一般每天 10 个小时）。

（4）情绪良好、稳定。

（5）喂养科学，没有养成不良的饮食习惯（如挑食、偏食、暴食、浪费、玩着吃饭）。

（6）表现出一定的交往倾向及有利的性格走向。

（7）具有一定的适应环境的能力、模仿的能力，珍爱生灵，珍爱生命，乐于探索周围世界，热爱美的环境、事物和行为，生活中表现出主动学习（广义学习）的行为。

（8）养成了良好的卫生习惯。

（9）学会了倾听，喜欢开口与人交流，语言能力正常发展，逐步达到口语发音清晰、表达清楚、思维流畅、反应敏感。

（10）养成了良好的生活行为习惯，进入了健康的生活方式。

（11）具有良好的感官能力，会触摸、会观察、会爬行、能独处、能安静、懂畏惧。

（12）具有想象力、好奇心、质疑心、求知欲，具有抓握、把玩、涂鸦、拆卸等动手能力，具有双手协调、手眼协调的精细动作能力，具有良好的直觉动作思维的发展。

（13）在上幼儿园之前，养成自理的能力、听从指令并遵循简单规则的行为能力，具有一定的节制能力、独立能力，喜欢集体生活，喜欢小朋友，喜欢专注而快乐的亲子阅读。

**亲子互动游戏**

**用跳绳摆形状**

**作用：**培养亲子关系、创新力。

**时长：**5 分钟。

**玩法：**

爸爸妈妈和孩子先玩跳绳，玩累了再教孩子用跳绳摆各种几何形状，如圆形、三角形、四边形……让孩子再想想还能摆什么形状。

## 如何使用“家庭教育效果自评建议”

为了让家长对自己家庭教育的效果有比较直观的判断，我相继向各位家长朋友竭诚提供了初中以前培养孩子的三个阶段的“家庭教育效果自评建议”。有的家长很重视，马上下载学习，或者转载提供给更多的朋友；有的家长仅是用来简单地对照一下自己的孩子。也有家长向我讨教这个“自评建议”应当怎么来用，这些是格外认真的家长，显然他们不仅想到了最终自评时的使用，而且想到了教育过程中的使用。这是对的，“自评建议”更应该当作培养目标来参考。如果我们在开始的时候，在阶段的过程中，不能按照“自评建议”来追求，不能当作目标来千方百计地争取实现，我想结果也是很难靠拢这些“自评建议”的，这样，“自评建议”的存在对于你来说也便没有了实际的意义。因此，我们的确应当关注平时的实际运用，还应当特别注意以下几点。

（1）我为什么只抛出至小学毕业前的“自评建议”？这说明什么？我在这里要特别强调的是，孩子 12 岁以前的家庭教育举足轻重，它几乎重要到有决定性的作用。其实，还要往前推个两三年，也就是孩子 9 岁以前的家庭教育有决定性的作用。因此，我们给孩子的一生奠基应抓紧在 12 岁之前。

（2）比较一下这三段的“自评建议”，你会发现越靠前，“自评建议”的条目越多，这又说明什么呢？我要特别强调的是，家长们应认识到，前面的家庭培养相对来说更加紧要！这是因为前面培养好了，孩子可以站在好的基础上继续发展，这叫作“一顺百顺”。然而，我们往往是前面没有培养，或没有培养好，结果孩子是站在不好的基础上继续发展，这叫作“勉为其难”。

因此，我们应做好每个阶段的培养工作，为下一步孩子的顺利发展奠定一个良好的基础。

（3）仔细阅读每个阶段上的“自评建议”，你就会发现“自评建议”是非常全面的。每个阶段的“自评建议”内容都有自己特定的要求，上下既有衔接，又有不同，就是衔接的内容也有发展程度上的不同要求。因此，我们不要急着在上个阶段去做下个阶段的教育内容，这样反而会忽略本阶段上的培养任务。关键是每个阶段上的每个条目的每个内容都应该力求达标。

（4）在公布的“自评建议”中，不管是哪个阶段上的，你会发现，虽然德、智、体、美、劳、心各方面的教育都会有涉及，但德育显然是家庭教育的重头戏；智育中涉及成绩的地方仅有一处，还是看进步，更多的智育内容是培养与学习成绩紧密相关的学习品质；体育在每个阶段上都是排在第一位的。这些都体现了现代素质教育的国际意识，希望家长们领会并贯彻。

（5）“自评建议”给了你一个家庭教育的“大纲”，你需要通过学习、咨询、交流、借鉴、钻研等多种方式，找到适合自己也适合孩子的教育方法、教育活动或教育技术等个性化育人形式，教无定法，只要达到或靠拢“自评建议”就好。

（6）欢迎大家在学习、思考、尝试的过程中，就问题或方法与我交流，比较系统地连续地掌握家庭教育的科学理念、育人方法，让自己形成个人的教育思想，让科学的教育行为像泉水一样自然流淌出来，这样教育的效果会比较好。交流的办法很多，阅读文章只是一种方式，还可以在微信群里聊天、打电话咨询、相约面谈、参加家长组织的“咨询沙龙”、参加班级家委会召开的“微型讲座”等。

以上六个意见提供给大家，是为了家长们能够将“自评建议”运用得更经常、更及时、更有效。

# 第二章

# 3~6 岁：全面养成、兴趣培养和铺垫性培养

孩子在 3 岁前的养成教育是随机的、生活化的，我们的孩子进入幼儿园后，家长们应该自觉接受和依靠幼儿园正规的家庭教育指导，对孩子强化全面的养成教育，帮助孩子更快更好适应集体生活，增强独立性，给孩子的一生做好扎实的奠基。同时，尊重孩子本身的特点，做好衔接性培养，不仅培养好孩子的特长兴趣，而且要格外注重培养好孩子的学习兴趣，解决好孩子幼小衔接培养问题。家长们要学会既尊重教育阶段性又能够有对孩子“为了明天，做好今天”的铺垫性培养，这是解决内心焦虑的良方。铺垫性培养不是搬明天的事今天做，而是我们今天的培养要利于孩子明天的发展。

## 给超前教育“降降温”

现在社会上兴起“拔苗助长”式的超前教育和强化训练，是源于一句话的广为传播，这句话就是“绝不能让孩子输在起跑线上！”这句话助推了一种教育思潮。你不能光怨一句话，一句话能在短时间内被这么多家长所接受，它反映了普遍的家长对应试教育的无奈，反映了家长的一种焦灼的心理；同时它也反映出我们社会的科学普及的程度，反映出我们这个社会基本上还不是一个靠思想者可以制动的理智的社会，因此最后还要靠教育部下发一份《3~6岁儿童学习与发展指南》来控制住这个不冷静的局面。虽然多少有点“亡羊补牢”，但依然是做对了。

电视节目讨论过“绝不能让孩子输在起跑线上”这句话，但讨论老是集中在“有没有起跑线”“如果有，这条起跑线划在哪里合适”这两个问题上面，没有抓住问题的要害。其实，问题的要害在：①孩子有没有统一的起跑线？②孩子在幼小的阶段上要不要比输赢？③真正要比的是孩子早期的知识学习，还是家长的科学育人？

客观来说，孩子是没有一条统一的起跑线的。有的孩子进步快的时间会早一些，有的则会迟一些。不同的人生成就的高点出现的时间也不尽相同，甚至出现的次数也不尽相同。教育不会是，也不应当是流水线生产，教育应当是最人性、最人情、最个性的育人过程。因此，根本就不会发生受教育者的人生输在生命起点的情况。应当真实地告诉孩子：人生是跑马拉松，起点上不要落后就好了，关键是朝着正确的方向坚持下去。谁笑到最后，谁笑得最好！

孩子的成长，会经历“奠基”“准备”“起跑”“起飞”的步骤。在3岁前需要人生的“奠基”，6岁前需要学前的“准备”，之后整个基础教育长长的过程都是给孩子日后的人生做“准备”，是为推动孩子自觉“起跑”做好“准备”，机会总是属于有准备的人，你的孩子按照自己的情况“准备”得好，就可以在适合自己用武之时“起飞”了。“奠基”主要解决两大问题：一是好的养成，这是形成正确的人生轨道；二是开发孩子的潜在智能，这是做生命素质的衔接性培养。这两件事上，是看家长会不会做，做得怎样。真正要比，是家长比，不要拿孩子比，更不是比知识学习成果的时候，是家长需要赛一赛科学的养成教育、科学的素质培养。学前“准备”主要解决一个集中的问题：为孩子的后继学习和终身发展准备良好的全面的素质基础。你作为家长为培养孩子准备好了吗？

有进度、有质量要求的系统的知识学习开始于进入小学之后，学前没有必要将后面的事搬到前面来做，这样还会把该做好的事挤掉了！学前的孩子接触知识，我们应当把它作为一种培养孩子好习惯养成的载体，落实好习惯养成才是我们应当达到的目的。你通过强化训练，虽然也可以看到眼前的效果，但你的孩子因为学习开始于负担，而不是开始于快乐，给孩子造成的心理压力会使他们很难坚持走远。并且还可能给孩子的心理埋下负面影响的种子！而且带着学过的东西走进小学一年级的课堂，孩子学习的新鲜感极大地下降，就会带来注意力不集中、听课效率低以及骄傲自满等问题。

家长现在需要给自己的超前教育“降降温”，不应把自己需要和孩子在亲密接触中做的事，在日常生活流里做的事，都用金钱委托出去了，这样做你将来会后悔的！因为它从根本上就违反了初始教育的规律，早期教育和学前教育中特别需要的不是机械的训练，而是亲子关系之间情感和思想的交流、互动和深化。我们不懂教育，可以自己去学习，学习了还应当自己去做，不应当借口忙和不懂而委托别人完全替代，别人对你的帮助只能是一种协助。

《3~6岁儿童学习与发展指南》的出台给家长提供了一个学习的范本。

我们应该通过学习真正弄懂对 3~6 岁的孩子我们应当做些什么，怎么去做，达到一个什么样的目标。端正自己的教育观点，提高自己的教育能力，为了孩子的长远利益，扎扎实实做好当下的事情吧！

### 杨老师寄语

“为了明天，做好今天”，这是做教育的实质。没有对孩子明天的考虑，今天的教育就是盲目的。把明天的培养任务搬到今天来做，必然冲击今天的教育任务。只有把明天的需要当作今天培养孩子必须融入的面向明天的铺垫，这样来扎扎实实做好今天既着眼现实又着眼未来的培养，才能掌握家庭教育的主动。

## 亲子互动游戏

### 乒乓球比赛

**作用：**培养专注力、挑战精神。

**时长：**5~10 分钟。

**玩法：**

用水性笔在一张桌子中间画一条分界线，分界线两边各 30 厘米处画两个小圆圈当门柱，门柱宽 20 厘米。爸爸和孩子在桌子两端面对面坐下，把乒乓球放在分界线中点，爸爸和孩子先后用口吹乒乓球，看谁先把球吹入对方球门，吹进一次记 2 分，妈妈做记分员。

# 怎么培养孩子的内因

## 1. 发现孩子的内动力源，是培养孩子内因的前提

孩子的内因，往往原本就是他们潜在的某一个因素。比如一个孩子非常喜欢受表扬的感觉，他无论听到妈妈还是老师的表扬，都非常高兴，就会把事情做得更好；你越夸他越进步，这时表扬和夸赞就是他学习的直接动力，躲在背后的是他具有荣誉感、光荣感和他对爱意的理解。如果我们看到了孩子的这种动力源，就会利用它。利用、反复地利用，就是一种培养，属于培养中的强化。可是，教育需要有度，强化需要有度。夸到骄傲了，就是过度了。有的家长又不太喜欢表扬孩子，看孩子老是一身毛病，批评挤掉了肯定，这是不及。有的家长夸得不适当或虚，老是说“你真棒！”“顶呱呱！”这则是过。有的家长夸的对象不对，老是夸“真聪明！”这也是过。聪明是先天的因素，不必挂在嘴上，我们要盯住的应是努力没有，对努力多鼓励、多肯定、多表扬。

我们对待发现的动力源，利用、强化是一种培养，引导也是一种培养。比如对这个孩子也需要引导，因为如果他仅有这样一个动力源，万一遇上的老师不表扬他呢？万一他遭遇了批评呢？所以，应该引导他找到自己另外的动力源，也要引导他树立抗挫意识。

发现孩子可能的内动力源，是培养孩子内因的前提，是我们培养人的功力。可以成为孩子内动力源的因素很多，比如情感、兴趣、好强心、责任感、成功欲、

自信心、自尊心、习惯、理想等，其中哪一种都可以，没有这一种可以有那一种，每个孩子身上有这么两三种就很好，我们发现了“种子”就应及时给予利用、强化、培护、引导和激励。只要我们注重孩子动力源的发现和培养，只要我们注意使用利用、强化、培护、引导和激励的手段，孩子的内因就一定可以很好地发展起来。

培养内因其实并不是太难，关键是你要重视得早，发现得早，培养得早，千万不要把孩子原本有的主动向上的内动力源破坏掉，把孩子搞得没动力，或者负能量了，然后我们又来改造他们，这样就把简单的事复杂化了。孩子身上有宝，就看你看重不看重，发现不发现，培养不培养。

### 2. 注重用民主的方式培养孩子的内因

什么是培养呢？谈到培养，大家要有一个印象，一就是一定要有最终目标，二就是要达到这个最终目标你一定要分步走，不能不要培养步骤就一步到位。现在一些家长就在一步到位，比如父母喜欢民主，对孩子就从一开始即用完全民主的做法。

一位妈妈在小小的孩子面前征求意见：“你要不要订牛奶？”孩子不理她。第二天，妈妈又问：“人家孩子都喝牛奶，你要不要也喝？”孩子仍旧不理她。第三天，妈妈再问，孩子发火了：“订订订，要订你喝！”就这样，孩子小时候就没有喝牛奶。

我们要培养孩子享受民主，第一步先应有个培养孩子悦纳他律的过程，办法就是立规矩，培养孩子懂道理。学习达到他律，一般在 6 岁前完成，3 岁前是培养孩子做好一个阳光的“小兵”，3~6 岁是培养孩子悦纳他律，这时可以开始引入少许民主教育的方式，比如约定、守诺，同时培养孩子接受他律的道德快感。悦纳他律这一过程的培养对孩子能过渡到自律举足轻重。

第二步就是要培养孩子由他律走向自律，准确地说是学习自律的过程。从小学到初中，时间比较长，是一个逐步的过程。办法就是从孩子适应小学后开始锻炼他们“小鬼当家”，或说尝试“小鬼当家”，这是第二步中的第一个过程“尝试”，当孩子经受了一段时间的考验，我们就可以引导孩子进入学习自己管理自己，这是第二步中的第二个过程，一般在小学中年级或高年级开始，也就是孩子在享受完全民主之前应有当家做主的能力，没有这个能力，怎么能一步到位去享受民主？这个培养过程可能会比较长（一直延展到初中），我们要教给孩子自己管理自己的方法，守望着他一点一点走向自律。

第三步是让孩子完全进入自己管理自己、自己教育自己的状态（学习达到自觉、自律），这是为了巩固孩子自律的品质和能力，让他在这个过程中有更好的成长，体验到民主的前提是自律，自由的前提是遵纪守法（他律），培养他们形成全面、辩证、客观的思维方法（这一步一般可以从高中开始，一直延展至大学）。这个从他律到自律的培养是重要的成长内容。从第二步到第三步，孩子的自律程度越来越好，我们给他享受到的民主也会越来越多。

你懂得了民主的培养过程，就会理解为什么培养工作不能一步到位。在这个过程中，就有内因的培养。什么是孩子必需的内因呢？在这里就是秩序意识、规则意识、自律能力、民主（当家做主）能力，核心是关于“民主”的价值观。任何培养的内容，都需要培养的过程。任何培养的目标，都需要培养的步骤。培养的工作不能一步到位，有过程就会有很多的收获，没有步骤就会失去很多必要的成长，甚至产生事与愿违的结果。孩子的成长本来也需要我们有耐心，他会如同竹子一节一节向上、向着阳光成长起来，我们要给他成长的时间和过程。

### 3. 注重培养孩子的主动性

孩子的主动性是重要的内因。不少父母埋怨孩子学习不主动，不自觉，其实任何一个孩子诞生到这个陌生的世界以后初始阶段都是主动的，因为他们的遗传基因就有这样潜在的主动能力。我这么说你可能不信，但是你想想是不是这样：他们会主动地适应外界，选择适应自己的方式生长起来，这就是他们依靠适应力来学习生长；他们的模仿力极强，能够依靠模仿力向外界学习，于是逐渐地成长起来，他们的母语就是这样学会的；他们的初始学习识字也表现出主动的能力，很多字就是主动认识的，因此实在不好讲孩子的学习完全没有主动过；孩子都爱玩，你不要认为那是完全无用的，只不过是童年快乐罢了，不是的，童年的玩耍那是在释放和锻炼人的潜能。这四种情况都证明孩子起始的学习是主动的，但为什么后面又不主动了呢？

我的回答只能是：我们不懂得做衔接性培养，没有衔接着孩子初始有的好苗头去做培养，结果误了培养的好时辰，原来孩子有的东西现在变没了。我们应该学会的衔接性培养，在早期，即衔接孩子的适应力阶段，给他们创设利好的育人环境，衔接孩子的模仿力给他们提供良好的榜样，衔接孩子主动学习的时候随机给他们适时的、延展的培养，衔接孩子的玩耍教给他们适合童年的更好的“玩中学习”。我们不会做，甚至不懂得要这样做！我们可能做的正相反，用不良的家风、不好的表率影响了他们，用缺失的教育断掉了他们的主动，用对快乐的片面认识耽误了他们学习动力和习惯的养成。总之，我们要明白一个道理：我们培养孩子一定不能误了“季节”，这个阶段上你必须做好的衔接性培养，你没做或者做错了，那么，过了“季”你再补做，哪怕你付出十倍、二十倍的努力，可能也不如当初你若做好的那个效果了！这是因为人的潜能的生长有一个客观的关键期，教育要尊重这个关键期就必须按“季节”办事，过了关键期就过了培养的黄金时段，因此，我们不能违反规律！

### 4. 注重孩子的内心需要

家长要注意孩子的内心需要。一些好的、有利的、积极的、正能量的需要，发现了就要重视，想办法把它变成孩子学习向上的动机。比如，一个小男孩听同学讲了去北京看升国旗的事情，回到家很激动，对父母说自己也想去。妈妈刚开始不同意给他去，批评他说：“你学习不努力，去什么去！”小男孩不吭声了。爸爸晚上单独跟妻子商量："我看就答应他的要求，不过要给他明确要求，成绩一定需达到什么标准才行，你来跟他慢慢谈。"妻子同意了丈夫这个教育思路，找了个时间就跟儿子谈心："我们想建立一个让你通过努力可以达到的奖励旅游的制度，第一站就是北京，不知你愿意不愿意？"小男孩一听嘴就咧开了。这时，妈妈趁热打铁："你不要以为挺容易的，想要获得奖励是需要刻苦努力的，没有付出，哪有获得？我给你提几条具体的要求，你做得到吗？"小男孩做了保证，妈妈讲了要求。最后告诉他："我是要监督的！"就这样，小男孩的内心需要转化为他具体学习的一个动机，为了去北京看升国旗，他变了，变得认真了。

当然，对孩子的培养不能到此停止，孩子的心怀不能永远停留在一个具体的目的上。爸爸抓了他意志的磨炼，妈妈抓了他具体的坚持力。两口子合力帮助他去争取实现自己答应的成绩标准，让他体会到父母负责的爱。最后，他果真通过自己的努力和进步实现了自己的愿望。从北京回来后，妈妈叫他写了两篇文章，一篇是游记，一篇是心得。这回他写得非常顺利，是从心里流出来的。妈妈告诉他："读书是学习，行万里路也是学习，学习都是为了成长。为了更好的成长，我们需要不断努力，很多时候需要我们用切实的努力才能让自己有可能去做成长上的新追求。"小男孩似懂非懂，但他毕竟已经有了一次体验。

通过这个典型的案例，希望大家懂得怎么发现孩子的内心需要，怎么把孩子的需要培养成学习的动机、目标，怎么进一步提高孩子，引导孩子走上为了成果而奋发向上的道路。发挥人的需要和动机的作用，就是培养人的内因。

不少家长只重视孩子的学习，只是习惯于就学习抓学习，其实人的好品质最早是在生活中形成的。生活中养成了好品质、好习惯，它们会自动进入到学习当中发挥好作用。我们要培养孩子在学习中积极向上，先要培养孩子在生活中积极向上。学习中最需要认真、勤勉、细心、担当、刻苦的品性，这些都需要在平时和学前的生活中悉心培养，扎实养成。

一位妈妈问我，孩子学习上老是懒洋洋的怎么办？我问她，平时生活中呢？听她一介绍，原来孩子父亲平时也是懒洋洋的，因此孩子也就养成这样一副懒洋洋的状态。你不从生活中改变，你大人不改变，孩子学习中的样子怎么变？！

另外一个家庭，爸爸从来都是带着儿子一起成长的。爸爸做事就认真，带着儿子一起出去骑车锻炼，连扎鞋带这个动作都做得非常认真，已经都扎好了，还要再扎上一道，告诉儿子："这叫结实！"结果儿子在学校里边也这样教同学。这个男孩子一直是"学霸"。当然，你不好说这一个动作与学习成绩有什么直接关系，但父亲的认真严谨的确影响了孩子，而孩子的学习中的确表现着认真严谨！

### 5. 注重培养孩子正确的学习态度

培养孩子的内因，一定要注意培养孩子养成正确的学习态度。怎么培养呢？应该注意些什么呢？

首先，不是等学习任务来了我们再培养，不是学习态度只在学习中培养，而是需要从小培养，需要从生活里面就开始培养。比如学习特别需要认真、勤勉、细心、担当、刻苦的品性，这几种品性都需要从小在生活中就有所体现。一个小男孩想自己爬到沙发上去，可是沙发比较高，小男孩个头小。这时大人怎么办？现在一些父母就把他抱上去了。但是，这里面就有培养人的问题，这对于孩子是一个锻炼的机会，你想到了吗？想到又做到了吗？如果孩子一定要自己爬上去，不让你抱，这就说明孩子做事认真，性格要强，有意志力，将来容易吃苦耐劳，你就让他自己爬。如果孩子并没有表现出这样的特征，你就更应该给他锻炼了，但你一定要注意逗他高高兴兴地愿意爬，玩着练爬，鼓励他一定要爬上去。这就是教育，生活中的随机教育。

一位妈妈很会进行生活的教育，孩子还被抱在怀里的时候她就让孩子"负责"家里开灯和关灯，等到分房睡的时候，孩子睡前关灯就已经变成顺理成章的事情了。

还有一个家庭，是一个爱心满满的家庭。小两口带着孩子从小就参加社会上的慈善活动，孩子还在幼儿园时就爱帮助其他小朋友，因此她人缘极好，经常一群小朋友围着她玩在一起。后来入学读书，学习中也仍旧是一群同学在一起复习，考出的成绩个个棒棒的。人品成在学山外，攀山考的是德行。

我要强调的就是：父母要抓孩子的学习，不是等到要上学前才开始抓。学品是建筑在人品上的，人品是在生活中形成的，学习成绩考验的是学品和人品，说到底还是人品。因此，重视德育不是空的，重视非智力品质不是空的，重视情商不是空的。生活中父母言传身教地培养好孩子的学品、人品，是学习培养的根本，也是家庭教育成功的根本。好人品、好习惯、好学品、好本性，就是孩子发展的利好内因。

一个家庭的家风非常重要。其实培养孩子学习的内因没有那么难，如果家庭中学习的风气很浓，孩子自然就会热爱学习，但是有些家庭里父母做不好，孩子没有好的榜样。父母为了孩子的前程，一定要端正自己对学习的价值观，比如如果你都认为读书无用，你都认为只有发财是有用的，你都认为道德值多少钱，那么你又埋怨孩子不热爱学习就没有道理了。因为如果孩子受了你的影响，就不会把学习看作是自己成长中的头等大事，就不会刻苦地去对待学习这件事情，就不会重视自己的积极向上，也就是说，孩子不会有好的内因。你自己不重视学习，平时都不学习，就不会有对孩子好的学习培养，孩子的学习态度怎么可能端正？孩子没有学习动力，学习成绩怎么可能会好？因此，家长一定要有正确看待学习的价值观，自己带头学习起来，这样学习的家风才会浓，学习的家风浓，孩子才会有积极好学的学习态度。

这两点意见非常紧要，对孩子良好学习态度的形成可以说举足轻重。态度决定一切，学习态度是孩子好好学习、天天向上的重要内因。因此，我们对孩子学习态度的培养一定要注重早期和学前在生活中开始，一定要注重我们自己的表率和家风的巨大作用。

### 杨老师寄语

栽树养根，育人育本。家庭教育应该重视孩子植根的教育培养工作，重视孩子的德育、善良本性的形成、好习惯的养成、中华优秀传统文化的继承和学习成长内因的激发等。根部的工作做好了，孩子可以“疯长”，家庭教育可以收到事半功倍的效果。

## 亲子互动游戏

### 凭感觉从箱子里找出玩具

**作用：**培养专注力、自信心、荣誉感。

**时长：**10分钟。

**玩法：**

准备一个可放三四个小玩具的纸箱，上方挖出一个能掏出玩具的圆洞。孩子用手找出一个爸爸妈妈指定的玩具即算成功一次，直到拿完为止。爸爸妈妈在旁边为孩子喝彩鼓劲。

## 因势利导培养孩子的学习动力

家长朋友都希望自己的孩子学习成绩好。可是，怎样才能使自己的孩子成绩上去呢？学习永远是一个人重要的生存发展能力。对孩子各种素质的培养，都离不开对孩子学习品质的培养这个基础。从素质教育的角度看，提高学习成绩应从培养孩子的学习动力、人生动力入手，注重在早期、在学前就给孩子打下一个良好的学习品质基础，然后随着学习的进展不断增加向上的动力，不断夯实学习品质和知识积累的基础。因此，家长如果希望孩子摆脱学习上的被动，不能光批评、光要求，而应当找到孩子身上的闪光点，下功夫去培养、激发和巩固孩子的学习动力。

家长在培养过程中则要有一个自己明确、具体的目标，安排一个合适的教育内容和教育过程，借助相宜的教育方法、教育内容分步实施，最后在孩子身上达到教育效果。下面开列一些培养孩子学习动力的教育智慧，以启家长们的思路。

（1）学习动力从亲子关系开始。密切的情感、感恩的情感，都可以成为孩子学习的动力。但情感转化为学习的动力必须是孩子发自内心的，自然的，当情感成为一种外在的压力或内在的痛苦，它对学习的促进作用就会逐渐消失。

（2）学习动力从培养孩子的学习兴趣开始。孩子的求知欲、好奇心越强，学习动力越强；越爱质疑，对学问钻研的动力越强。

（3）学习动力来源于孩子对结果或过程的关注。不同的孩子有不同的关注点。只要善于发现孩子的关注点而加以引导，就可以形成孩子学习的动力。

（4）学习动力来源于知识面的不断扩大。要培养孩子阅读的习惯，爱读书、读好书、多读书，只要他知道的世界上的事越多，他学习的动力就越足。

（5）学习动力来源于从小习惯的养成。人越小可塑性越强，如果趁着孩子小就引导孩子把良好的学习习惯养成了，孩子就会形成一种不需要意志力作用的学习上自觉的动力。

（6）学习动力来源于孩子从小形成的要强心。一个没有要强心的小孩，对学习是无所谓的；而一个具有要强心的小孩，在学习上是不甘示弱的，将来干事业也是不甘示弱的，这就是人生的一种动力。

（7）学习动力来源于孩子内心的成功欲、成就感。喜欢追求成功，哪怕是一点点成绩都能带来收获成就的喜悦。这就是能够鼓舞孩子不断追求进步的不竭动力。

（8）学习动力来源于孩子自信品质的养成。一次肯定、一次鼓励、一个欣赏、一回成功……都可能带来孩子人生中的重要转变。这转变是一颗种子在春风春雨里的萌发。这颗种子就叫作“自信”。人一旦萌发了自信，就会产生一种坚定向上的力量。

（9）学习动力产生于孩子自尊的心理。如果孩子从小就自尊心强，在这个基础上加以引导，就可以催生出他自立自强的心理，成为一个人终身不息的动力。

（10）学习动力产生于实现自我人生价值的信念。如果我们家长注意培养孩子发现自我价值，引导其规划人生，发展优势智能，鼓励其奋斗，他就会产生一定要实现生命价值的决心和毅力。

（11）学习动力来源于人生理想和追求的形成。人生有自上而下的压力，有左右夹击的竞争力，有在你后背的推动力，所有这些外力当然都可以成为动力，然而人对这些外力的心理感受都会有负担，只有自己的理想和追求才是在我们前方吸引我们千方百计、百折不挠去奋斗的自觉动力。

以上动力源不一定仅做单一培养，只要结合孩子的特点有所侧重即好；有时几种动力因素可能同时作用在孩子身上，发挥综合效应。

## 培养孩子学习品质从听故事开始

许多家长都是这么安排的：小学前尽量地让孩子玩，让孩子享受一个快乐的童年，然后到了小学一年级再开始好好地抓孩子的学习；更有甚者，他们出于对我国应试教育的意见，就是到了小学他们也依然让孩子我行我素。

我也主张还孩子一个快乐的童年，但我要提醒家长朋友的是：如果我们到了孩子入小学才开始培养他们的学习品质就迟了！孩子一出生他的学习就开始了，孩子一生都是在学习中成长的，学习能力就是他们的生存能力——生命能力；孩子的学习品质是他们一切素质发展的前提，当然，这种能力并非死读书、读死书的能力！我们培养孩子的学习品质，应当从小开始培养；孩子的各个发展阶段，培养的要求及其方式方法也不一样，但都需要我们注重这方面的培养。不要贻误了培养时机，不要耽误了孩子学习品质的发展！

如果你希望自己的孩子将来在学习上是有动力的，是有良好习惯的，是具有一定能力的，而你的孩子又正处在爱听故事的发展阶段上，你一定不要错过培养时机。我们总结了许多家长成功育人的经验，有一个共同点就是：培养孩子学习品质从听故事开始。其实，如果你懂得早期教育，一些学习品质的培养可能开始得更早。但是，从孩子爱听故事开始，我们启动对孩子学习品质的培养是最容易做起的，也是不能再拖延的一个时间节点。

一位母亲回忆她的孩子上学后读书一直都是比较轻松和顺利的，而且成绩都不错，其中一个重要的原因正好印证了从孩子爱听故事开始培养其学习品质的作用。刚开始是她哄孩子睡觉养成了一个习惯，总要给孩子讲上一段故事，孩子听得高兴，就越发听话，妈妈讲完一个小故事，孩子就自觉睡觉了。后来，孩子越来越爱听妈妈讲故事，妈妈肚子里的故事已经掏尽了，母子俩就开始去逛书城，然后买回来几本带画的故事书，有空时就读给孩子听，而且告诉孩子:“以后你认字了就可以自己看，就可以看很多很多的书！”孩子更喜欢听故事了，而且总要跟妈妈坐到一边，看着画让妈妈说给自己听。不久，孩子就开始主动问字了。这时，妈妈就干脆手指着字读给孩子听了。再不久，妈妈就发现孩子看着画就可以自己对自己说故事了，而且已经认识了好多字。

这位母亲把她的体验说给我听，我十分高兴，肯定她做得相当好，还告诉她，让孩子每天晚上睡觉前听一段故事，这不仅是帮助孩子养成按时睡觉的良好习惯，也是养成定时进入一种学习状态的良好习惯；你把孩子带进书籍的殿堂，就可以帮助孩子热爱上书籍，热爱上学习；现在已经可以看到孩子主动学习的特点和主动学习的精神，这是最重要的培养，比我们强迫孩子学习效果会好得多。

接下来，我又告诉她，你现在是找一些有图画的故事书，这符合孩子的思维特点，但不能永远只喜欢看带图画的，当孩子认识的字逐渐多起来后，可以找一些图画之外字多一些的书，最后达到就算没有插图插画的好书他也喜欢读；还应引导孩子不仅阅读故事书，还涉猎科普书和其他类的书；不仅到书城去买书，也可以到图书馆去借书；不仅向书本学习，也可以行万里路去学习；不仅通过书来扩大孩子的视野，还可以通过故事、人物传记等来提高孩子的认识和觉悟。

这位母亲一直以来就是按照这样一个方向培养孩子的，因此效果很好，教育的负担也不重。大家想一想，假如我们从孩子一岁多两岁起就这么做，那就可以有四五年的时间细心培养孩子的学习品质，而且这种培养给孩子的就是童年的快乐，乃至一生的快乐啊！

### 杨老师寄语

孩子在有兴致的事情上都是会积极和专注的。因此，如果父母发现孩子在学习上不够积极和专注，那恐怕是缺乏学习兴趣所致，父母需要帮助孩子对学习从无兴趣变为有兴趣才好。激发孩子在学习的对象上产生好奇心，产生质疑心或想象力是一个好办法。

## 亲子互动游戏

### 跟着大人做动作

**作用：**培养观察力、创新力。

**时长：**5分钟。

**玩法：**

大人做一个动作，孩子马上跟着做一遍，例如大人先打个滚，再拍手，然后举起枕头，孩子立刻重复这些动作。大人还可以先后摸自己的头顶、耳朵、鼻子、嘴巴或身体其他部位，一边摸一边说出名称，让孩子跟着做和说。

## 培养孩子的特长不等于培养学习兴趣

目前，给孩子报各种兴趣班的行动如火如荼。许多家长看见别人都这么做，觉得如果自己不做就对不起孩子了。很怕自己做得不够，跟人家比自己的孩子输在起跑线上，失去了竞争的优势。这里比的是孩子的多才多艺，我们的应试教育也是这么比出来的，过去学校只比升学率，现在都在比优等生的绝对数，结果就因为比一样东西，就比出了愈演愈烈的应试教育。现在，大家对应试教育加重了孩子的负担深恶痛绝，认为培养孩子的特长就是素质教育，因此都重视起来了，结果又形成了都比多才多艺这一样东西的局面，这是很危险的。中国人多，都比多才多艺，是不是又会比出一个什么教育？教育应该是最个性化的事业，只能因材施教，不可能全国的孩子都是“学霸＋多才多艺”。我想给愈演愈烈的特长兴趣培养降降温。过度注重特长培养加重了孩子的负担，而且有一批父母专注培养特长兴趣培养的孩子对书本知识的学习却丝毫没有兴趣！不少家长跑来问我，这是为什么。

我认为，特长兴趣培养是代替不了学习兴趣培养的全面功效的，家长不要因为忙于特长兴趣培养而耽误了孩子学习书本知识兴趣的培养。

培养特长只是培养学习兴趣中的一项内容。培养学习兴趣应当包括培养求知欲、好奇心、质疑能力、听故事和阅读书籍的能力、爱好和特长、专注于学的情趣等。你看，如果你放弃了许多而只抓住了一点，怎么能解决孩子学习的动力问题呢？而且如果你培养孩子的特长而加重了孩子的负担，或是不得法，那有可能还会削弱孩子原有的学习动力。

培养广泛的学习兴趣非常重要，它是学习好的前提条件，是从小就需要重点培养的早期教育、学前教育内容，也是进入基础教育之后一直要不断激发、不断培养的重要学习动力之一。因此，千万不可抓一漏万！

至于一些家长问我，求知欲、好奇心、质疑能力怎么培养，其实你爱护它们就是最好的培养。现在有一些家长老嫌孩子问题多，被孩子问烦了，就开始发火了。这种态度很不好，很不利！孩子的好奇心和求知欲就是他的学习动力，孩子的多问就是他在动脑筋，不能打击。你应该学会培养孩子，你不会回答，可以引导他去翻书，带他去请教知道的人，还可以全家人一起讨论，或者上网搜索。

有一条培养孩子学习书本知识兴趣的很好的途径，就是从孩子爱听故事开始，领孩子踏上“悦读”人生的道路。刚开始你自己生动地给孩子讲故事，然后激励他主动识字，再带他去书店，买回书指读给他边听边看，推动他走向主动问字、主动学习的方向，培养他的成长意识，引导他愿意去上学读书。

## 培养孩子做个有责任感的人

责任感是一种普世的人格，是父母必须培养孩子的品质。

有些父母常常向我反映孩子学习不自觉、不主动，这是为什么呢？其中有一个重要的原因，就是父母没有在孩子身上培养起一种做人的责任感。孩子不把学习当作自己的事情，认为是大人压给他们的，逼他做的，因此他做起来就被动。我们大人是看到孩子的被动才着急起来，于是又进一步施压。施压是应试中常用的一种办法，这种办法不是对所有孩子都管用，很多孩子在高压下就放弃了学习。其实，关键是激发孩子的内因，培养孩子的内动力。责任感就是人的内动力之一。

孩子的责任感，不是靠说教培养的，而是在生活中一点一点形成的。比如一个中国姑娘嫁到了国外，生了一个长着灰蓝瞳孔的漂亮小男孩，当了妈妈，就把自己的母亲叫来帮带孩子。中国外婆喜欢抱孩子，外国奶奶却不给抱，理由就是“孩子是独立的，他自己会长”。“你也是独立的，你该做什么就去做什么”。一段时间后，妈妈发现孩子以前抱着的时候爱哭，现在不抱了反而安静了。当孩子会玩积木的时候，外婆总是习惯帮孩子去收拾，奶奶就不帮着收拾，而是让孩子自己收拾好，结果孩子自己也可以收拾得很好。妈妈慢慢就悟出来了一个道理：要让孩子懂得成长是他们自己的事情。

孩子的责任感，不是靠说教培养的，而是孩子在真爱的教育环境中自觉生长起来的。责任感是爱的一种升华表现。我的女儿小时候看到爸爸妈妈都忙，就自觉地开始煮饭。一天，我妻子回到家一打开门就闻到一股饭香味，到厨房一看，有一锅煮好的米饭，以为是我已经回来了，结果发现只有女儿在自己的房间安静地做作业。妻子告诉刚进家门的我：我们家里“田螺姑娘”下凡啦！女儿在小的时候之所以能够这样做，是因为她接受的是懂得爱别人的真爱教育。如果一个孩子从小只是习惯于接受别人给予的爱，就不会有爱心。没有爱心的孩子就很难自发地生长出自觉的担当！

孩子的责任感，不是靠说教培养的，最好的培养方式就是家务劳动。但现在一些父母把让孩子做家务给搞错了，都是搞成了金钱刺激。只有培养责任感的家务劳动才是可取的教育方式。我妈妈很会培养我们兄弟爱劳动，我们几个兄弟每天每人都要承担一样家务，你拖地板，他生煤炉，另一个就煮饭，换着做，因此我们长大后都会做家务，而且不会厌恶家务，都愿意自觉担当。

孩子在学习上的责任感，更不是靠说教培养的，而是应与孩子的学习兴趣培养相辅相成发展起来的。兴趣是一个人事业成功的最好的内动力，是创新型人才产生的教育沃土。

强大的兴趣 + 对自身生命价值的责任感 + 对祖国爱的责任感 = 人的创造动力。

## 怎样培养孩子的坚持力

人生就好比跑马拉松，其中坚持力实在是太重要了。许多成功者的经验告诉我们，最终的喜悦往往就在再坚持一下的努力之中。怎样培养孩子的坚持力呢?

（1）做事时培养。培养孩子的坚持力，不是仅仅靠要求，通过具体地做事情更加重要。因此，在孩子具体做每一类正常的事情时，我们都不要随便打断他们，而应让他们坚持把一件事情完成。

（2）不让孩子的注意转移太快。孩子的坚持力与其注意力是相关的，如果孩子的注意转移得较快，就会使他不容易在一件事上坚持太久。因此，我们应抓孩子注意力的培养，注意力提高了，有助于孩子坚持力的提升。

（3）孩子选择做的事，鼓励孩子坚持下去。比如孩子自己选择报学的兴趣班，如果我们大人判断这项目的确是孩子有天分的地方，就应当鼓励孩子坚持。这有利于避免孩子养成虎头蛇尾、半途而废的做事习惯。

（4）培养孩子养成善始善终的习惯。养成教育是孩子一生的奠基，我们应培养孩子从小养成做事情一定要善始善终、有头有尾的习惯。

（5）父母陪伴在旁，做孩子意志的支撑。孩子小的时候，一般来说意志力发展水平相对都是较低的，因此，父母在许多时候都需要近距离地给予直接的鼓励、鞭策，父母支持的形象和声音就是孩子背后的力量。

（6）培养孩子的目标意识。为了培养孩子的独立性，不让他养成对父母的依赖，父母不能老是依靠近距离支撑，这就需要培养孩子坚持目标不动摇的内部动力。帮助孩子形成自己的人生目标，有助于促进孩子的坚持力。有志者，事竟成。

（7）教方法帮助孩子坚持。有时候孩子并不是不想坚持，而是缺乏能够帮助自己坚持的方法，这时候你就要教给他坚持的方法，他才能坚持下去。比如一个孩子的老师批评他老爱讽刺女生，可他就是改不了，坚持了两天老毛病就又重犯了。他妈妈就教给他一个方法，让他用一块纸板在上面写几个字，然后挂在脖子上，藏在衣服里面。结果班主任发现他经常拍胸脯，缺点还真改了，一学期坚持得很好，后来班主任家访才知道这里面的“秘密武器”。

（8）借用体育活动来磨炼孩子的意志。有好多体育活动是可以锻炼孩子坚持力的，比如长跑，特别是一些军事体育项目效果也很好。我们应当选择适合孩子的项目、安全的活动，给孩子创造磨炼的空间。

（9）培养孩子的兴趣和理智。孩子一般在自己有兴趣的事情上会有坚持力。我们总是重视培养孩子的学习兴趣，就是为了让他在学习上有坚持力。但是，如果孩子遇上不是自己感兴趣的，可又是自己必须做的事情，怎么办？因此，我们在平时一定要注意培养孩子做个理智的人，能冷静地面对事情，能看清事情的结果，能掂量出事情的轻重，能分析出事情的利弊。理智，能帮助孩子在兴趣之外的事情上，同样表现出较好的坚持力。

**杨老师寄语**

教育的全部任务，概括为一句话，就是要培养人积极向上。向上是需要内动力的，培养孩子的自强心就是给孩子内动力。我们要培养孩子从小养成自强的品质，一生自强不息，终身止于至善。

# 怎么培养孩子的独立性

有家长问我怎么培养孩子的独立性，这个问题提得好。这是孩子成长中的一个大事情。如果在这方面我们解决得不好，孩子成长的一路上就会表现出对我们过度依赖，离不开身，黏黏糊糊；到上幼儿园时，严重的就不爱上学，去了园里不适应，有的好长时间了还因分离要哭上好半天；孩子逐渐大起来了，一个没有自立自强精神的孩子，如果闹起叛逆来会比谁都吓人；这样的孩子长大了，因为缺乏独立的生存和发展能力，始终会是父母的一块心病。因此，我说这个家长的问题提得好。家长早一些想到这个培养目标和任务，对孩子的成长十分有利。

那么，怎么培养孩子的独立性呢？我简单介绍一些方法，供家长们学习参考。

（1）在孩子容易接受的时候，尽早一点地给孩子分床睡，然后又适时地和孩子分房睡。当然，做这种安排必须考虑到安全的措施。

（2）在孩子可以做力所能及的事情时，就让其开始锻炼自己的事情自己学着做，这样非常有利于孩子在独立性方面的健康成长。

（3）一点一点地有意识地适当拉开同孩子的距离（是身体距离而不是心理距离），让孩子定时独立做事，这样有利于孩子主动性的养成。比如在陪孩子做作业时，虽然要做好监督，但也不要让孩子养成必须有家长在身边才知道做好作业的坏习惯。

（4）对孩子第一回做的事，应教会做法再看着他做，做好了及时给予肯定。

（5）大人自己在做事时，一定要为孩子做好表率，这样有利于孩子提高自己独处时的自我要求标准。

（6）评价孩子做事的态度比追究孩子的失误重要，这就是说应特别欣赏孩子做好事主动的态度、自觉的态度、负责的态度、认真的态度，而对于孩子无意的失误不应过分谴责，重要的是和孩子一起进行总结。

（7）引导孩子和自己的关系走向相互信任依靠，而不是依赖或永远依恋下去，这样才有利于孩子健康地独立成长。

（8）相对而言，培养孩子能够独立的能力更重要。应充分给孩子锻炼的空间、展示的空间、出彩的空间，让孩子身上的生命力尽显张扬，而不是生命力萎缩。

（9）让孩子懂得自律（自我约束、克制）是独立的先决条件，引导孩子走自律自强的自我培养道路。

（10）把培养孩子学习做家务，养成热爱劳动的品质，纳入培养孩子对家庭和亲人形成责任感的轨道上进行，这样才有利于孩子今天和未来独立后真正体会幸福的味道。

（11）让孩子理解“反省是人类的重要智慧”。首先通过讨论对周遭的人和事的评判，培养孩子的批评能力，然后引导孩子发展内省自己的能力，做能够最自觉完善自己的智慧人。

（12）教孩子逐步通过体验懂得：只有自强不息，才能赢得他人的尊重，才能活得有尊严。

（13）引导孩子向成功实践要自信，就如同竹子的成长一般，不断地给自己设立一个一个小目标，通过自己的努力争取达到它、突破它，这样用目标带动自己一节一节地向着充满阳光的天空茁壮成长。

### 杨老师寄语

让孩子生活上养尊处优，心理上高枕无忧，这并不是好事。因为人的成功往往在逆境，在忧患，在穷则思变，在突破自我。

## 幼儿园阶段如何做好幼小衔接

“为了明天，做好今天”，“为了明天”是想着为了下一步做好铺垫性培养，而做的并不是明天的事情，需要扎扎实实做好的恰恰是当下的事情，本阶段一定要做好的事情，这就是“做好今天”。解决幼小衔接的问题，必须有这个教育意识，不是提前一年半年才做这个工作，而是需要我们在前面长长的时段里就做好有远见的、后面用得上的养成教育。

有记者采访我，让我就幼小衔接的家庭教育问题讲些建议。我告诉她题目大了些，如果是指孩子今年秋季学期就读小学的，我会讲一些相应的建议；如果是现在孩子还在幼儿园期间的，我会讲另外一些建议。这篇短文是针对后面一种情况来讲的。幼儿园阶段的幼小衔接工作主要应注意下面几点。

（1）这个教育工作，不能简单地理解为“学前班”工作。如果仅是在孩子上小学之前的半年或一年，才来关注、进行孩子上小学后的适应性培养工作，时间是不够的，开始的时间晚了。

（2）让孩子能比较顺利地适应小学学习生活，到小学后有一个比较好的发展，这不是提前学习小学知识或者强化训练一段时间就可以完全解决的。

（3）我们收集了大量小学学习困难学生的案例，发现主要有以下这样一些问题影响了孩子的发展，暴露出学前培养上的缺失。比如，没有良好的注意力、没有课堂上的定力、没有刚上小学需要的某些具体的学习能力（例如握铅笔写字）、缺乏听课必须的基本的语言理解能力、缺乏热爱读书学习的广泛兴趣、缺乏良好的习惯品性等。这些必要的学习品质的培养，都不是一朝一夕可以完成的，而是需要我们在孩子0~6岁长长的过程中逐步做好的。如果我们在孩子特别听话、可塑性特别强的早期没有培养或培养得不好，那么，就有可能在孩子的身上已经养成了毛病，这时你的教育难度会因此加大。你到了孩子要上学之前的一年半年才来紧张幼小衔接的问题，这么短的时间怎么可能解决好习惯、好品行的养成问题？

（4）家长关心孩子知识学习的成绩，这是可以理解的。然而，家长必须明白提高学习成绩的道理：成绩不是简单地靠知识的累加取得的。孩子要学习好靠什么？其中的道理很像是古代传留至今的“鼎”，鼎要装很多很多的水，下面需要有三条粗壮结实的腿脚，可以分别代表学习好必须具有的三个条件，其一是需要有学习动力，其二是需要有勤奋刻苦的学习习惯，其三是需要掌握方法，有学习的能力。大家想想是不是这么一个道理？我们要解决好幼小衔接的问题，不能靠临阵磨枪。某些学习能力的训练还可以“士兵突击”，学习动力和学习习惯却一定要从小一路培养。孩子有一个重要的学习动力是亲情动力，这是需要早期就开始培养的。你与孩子的亲子关系好，你培养的孩子懂得爱别人，懂得感恩，他们就会自发地努力学习向上。还有一个重要的学习动力就是学习兴趣，这也是需要你一路培养起来的。

（5）做好幼小衔接的培养工作，不是叫我们把明天小学里面才做的事情拿到今天来做，让孩子的学习开始于负担、压力、被动和痛苦，导致孩子的后劲不足、逐渐厌学，而是需要我们为了下一步做好铺垫性培养，需要扎扎实实做好的恰恰是当下的事情，本阶段一定要做好的事情。比如，我们知道孩子上小学以后学习习惯特别关键，其中有一个习惯就是定时要进入学习状态，这个习惯其实是需要在孩子1~3岁期间通过讲故事帮他们养成的，然后4~6岁继续强化。整个这个阶段经常要给孩子接触一些通俗生动的知识，但不求学习进度，重在通过接触知识养成学习的兴趣和习惯，让孩子的学习开始于快乐、主动和自然。这样，孩子的学习发展才会有后劲。

### 杨老师寄语

家庭教育里的管理，需要有家长的坚持力，特别是在伴随孩子的重要习惯的养成上，首先是考验家长的坚持力。

## 亲子互动游戏

### 龟兔赛跑

**作用：**培养挑战精神、坚持力、自信心。

**时长：**10~20 分钟。

**玩法：**

爸爸扮演乌龟，四肢趴在地板上慢慢爬，孩子扮演兔子，像爸爸那样四肢着地跟在后面爬，妈妈在旁边给孩子喊加油，最后让孩子超过爸爸。

## 3~6 岁幼儿的家庭教育效果自评建议

（1）从幼儿体育的角度看，有体育锻炼的兴趣、爱好，在身高、体重、动作技能、大肌肉的发展、简单活动、动作控制能力等方面都有长足进步，有良好的体能素质。

（2）具有熟练的直觉行动思维，已经逐步掌握具体形象思维。

（3）词汇量迅速增加，基本上感性地掌握了讲话中语法结构的自然法则。

（4）表现出一定的兴趣（特长兴趣和学习兴趣）、爱好、脾气等个性倾向。

（5）具有与小同伴一起玩耍的交往倾向，形成了良好的人际交往态度、行为及一定的能力，具有交往需要的自信、主动、礼貌、谦让、友爱、互助等好品质。

（6）形成了合理而科学的、适合儿童的膳食方式。

（7）形成了良好的生活和卫生习惯，形成了科学而健康的家庭生活中的儿童作息制度，形成了良好的行为方式和习惯。

（8）形成了珍爱生命的意识和行为，具有了自我保护意识及一定的能力。

（9）形成了对幼儿集体生活、学习生活、自理生活的适应，具有面对困难的正确态度、开放而乐观向上的心态，具有自我展示的能力、克服困难和适应变化的一些方法，具有愿意锻炼自己、培养自己的学习态度和良好的学习品质。

（10）懂得在玩中学习，在快乐中收获，在合作与分享中成长，具有良好的潜能发展，具有比较丰富的儿童感性知识，具有学习成长所需要的儿童早期智能，具有观察力、注意力、学习兴趣、学习习惯、感恩情愫、定力、细心、耐心、守时、守信、守纪、敬师、友爱、热情、认真、勤快、俭朴、刻苦、自尊、尚美等生命品质的良好发展状态。

### 亲子互动游戏

#### 托打气球不落地

**作用：**培养专注力、自尊心、坚持力。

**时长：**10 分钟。

**玩法：**

大人吹鼓气球后，用手托打气球让其不落地，并让孩子在旁边数数，直到气球掉下来。然后由孩子托打气球，大人在旁边数数。孩子每次打的不多，可反复多打几次，如果孩子觉得累了可以随时停止。

# 第三章

# 6~12 岁：适应培养、强化培养和铺垫性培养

帮助孩子迅速、顺利适应小学学习生活的方法，就是陪伴和培养孩子养成良好的学习生活习惯。好习惯本身就是一种极好的内动力。因为有了好习惯，可以走好小学 6 年的发展路程，而小学的发展可以奠定中学的发展优势。然而，想要在小学阶段形成发展后劲，光靠“抓两头，带中间”是不够的。中间的强化培养举措，是把孩子托举到更高的发展平台，保证整个小学高质量发展的家教策略。在这个基础上再加上后面面向未来的铺垫性培养，就可以给孩子今后的可持续发展提供一个来自家庭教育的坚实基础。

## 用12年精心培养成就孩子一生

家庭教育的作用对孩子一生是奠基性的，是学校教育、社会教育不可能代替的，因此我经常告诉家长朋友们：成功的家庭教育一定是合力教育。有的家长跟学校老师数着手指算时间，说孩子一天到晚都在学校，跟自己在一起的时间屈指可数，于是自己仿佛就无足轻重了，这是推卸自己的责任，这是完全没看清自己的教育可以成就孩子一生，也可以毁掉孩子一生！我们来从规律的角度说说其中的道理。

一般来说，家庭里的德育需要在9岁前给孩子奠基一生品性的“根”，过了10岁你对孩子的教育已经转入困难，这是许多家长深有体会的。而家庭里的智育需要在12岁前给孩子奠基一生学习的“根”，过了13岁绝大多数家长对孩子的学习培养已经完全无能为力，有些家长在孩子三四年级时已经感到力不从心。这恐怕也是家长的体验吧？

家长在“术”的层面上跟孩子是跟不久的，只有趁早在孩子“根部的培养”上做好扎实的、精心的培养，才有好的长远效果。做人的培养和学习品质的培养绝对是家庭教育中对孩子“根部的培养”。这是大道之上的家庭教育，这是家庭教育的长久之计！

因此，父母一定要重视自身的培养工作，没有人可以代替家庭教育！家庭教育是血缘亲情基础上亲子之间的互动，别人代替不了！

请记住：好家教成就孩子一生。

我们的家庭教育往往错在哪里呢？

其一，认为早期家庭教育不要束缚孩子，应该释放孩子的天性，因此反对给孩子立规矩；其二，把爱理解成迁就孩子、包办孩子、代替孩子的行为；其三，把亲子关系理解成父母单向奉献主观的爱意；其四，认为早期重视教育就是要一步到位重视知识教育。

为什么是错的呢？

第一，对待孩子的天性，应该是该放则放，该收则收。对孩子的求知欲、好奇心、质疑力和想象力，是应该放的；对孩子的欲望，则应该有所收。欲望不过度，则是动力；欲望一旦膨胀，可以把人变成鬼。社会上大量犯罪案例说明着这一点。我们必须提醒家长们：对于智慧的教育来说，人性的起点，恰恰是培养孩子节制的品质。

第二，从小不给孩子立规矩，不培养孩子规则意识、秩序意识和节制意识，这正是培养"熊孩子"的因，是家庭教育增大难度的因，是家庭教育失控的因。家庭教育一定要重视因果规律，家长一定要提高自己的教育预见力。

第三，重视孩子的早期培养是对的，但早期教育应该科学育人。科学育人就是要尊重两个规律：一个是孩子自身成长的规律，一个是教育的规律。规律告诉我们，孩子早期成长阶段的家庭教育任务，还不是知识教育。你用知识教育培养孩子，势必冲击掉孩子早期教育的内容，比如好习惯的养成教育，结果一不留神给孩子养成了毛病，然后又来改造孩子，这就从根本上改变了家庭教育的性质，一件原本应该培养人的工作变成了改造人的事情，爱的教育活动变成了"发火教育"。

第四，重视孩子学习是对的，但培养孩子学习的起点方式应该符合规律。现在有两种不同的起点方式：一种是孩子入学习之门是开始于负担、压力、被动、痛苦，占大多数；另一种是孩子入学习之门是开始于自然、快乐、主动、生活，这是少数。

这两种不同的起点方式有两种不同的结果：前者，自父母抓孩子学习开始就走向了再没有快乐童年的日子，有的父母一周里安排孩子学习六七门特长，父母马不停蹄，孩子也马不停蹄，为了孩子能够在竞争中获胜，脱颖而出，孩子被压着朝多才多艺的方向走，但不是所有孩子都可以做到的，于是不少孩子因此产生对学习的恐惧心理、排斥心理，有的孩子到了小学一年级的下学期就生出了暗中放弃的倾向，让明眼人看着不寒而栗。我管这种事与愿违的家庭教育叫作破坏性家教。后者，因为父母没这么焦虑，学习活动是自然而然走入的，而且父母对学习活动的安排始终注重跟孩子快乐的心态、感受相链接，注重发现孩子主动学习的时候及时做衔接性培养，在孩子学前早已经把孩子培养成了一个生活中时时处处的好学者。这样的孩子进入知识学习以后发展很好，容易在快乐积极的心态和学态中逐渐进入勤奋刻苦的状态。显然，这才是正确之道。

那么，我们具体应该怎么做呢？

孩子 12 岁前的家庭教育应该走好以下三步。

第一步，一年级通过狠抓养成帮助孩子适应小学学习生活。父母要规避“发火教育”，那是对孩子的苛求，是因为缺少办法所为。父母应该加强自身的学习和修养，特别是要学会情绪管理和爱的智慧；父母应该规避给孩子形成学习上的依赖性，要理解“陪是为了不陪”，把陪伴当作是培养孩子的过程；父母不要着急，教育本身就是慢活计，不要因为自己的行为挫伤了孩子的自信，自信心是孩子特别需要的学习成长动力，我们应该注意保护和培养，规避孩子因自卑对学习产生放弃心理；我们应该改变自己重视“术”的培养而忽略“道”的培养的家庭教育倾向，把唤醒孩子的内因当作孩子的起跑线，激发和释放孩子的主动性，学习和钻研培养孩子内动力的方法，提高自己在孩子“根部的培养”上的实践力。

第二步，二、三年级培养工作不可松懈，一定要培养孩子更上一层楼。我们应该规避孩子“不进则退”，实施“进两步，退一步”策略，通过培养让孩子有一个大的进步，这个“进两步”的大进步要做两项重要的培养，一是对孩子的培养要由以往的他律向自律的方向引导，二是我们的家庭教育要更向培养孩子内因的方向转移。给家长一些具体的措施，比如通过“留白”之策来教孩子学习时间管理，锻炼孩子自己来安排自己；培养和引导孩子来学习进入自己培养自己的状态，也就是要让孩子积极向上的主动性释放出来；引导孩子把玩心收一收，用提升孩子玩和快乐境界的办法帮助孩子在玩上退一步，支持孩子可以把文体活动、科技活动当作玩，并通过培养孩子的效能感（效能感 = 付出 + 收获 + 快乐）来帮助孩子生出成功欲和成就感，以感受到学习的快乐；我们应该在这个时段给孩子强化立志教育和意志磨炼，具体落实好“四个扎实”（扎实的知识基础、扎实的好习惯养成、扎实的大量阅读、扎实的学习方法和思想方法培养）的任务。这第二步举足轻重，做得好可以把孩子托举到一个更高的平台上更好的发展，保证整个小学真正为中学的可持续发展奠基；保证孩子即便在适应后的发展中遭遇一些困难和曲折，也一定还处于进步之中，这就保护住了孩子的自信，十分有利于孩子的继续进步。我管这第二步的培养叫作“适应后的培养”，是我指导家庭教育中非常特殊、非常有力的一盘棋，家长用之效果非常好。

第三步，四、五、六年级家庭教育应该做好“为了明天，做好今天”的铺垫性培养。我们应该继续做好承上的工作，即如果二三年级的培养没做好，要“补课”，同时做好启下的工作，即做好可持续发展的培养。我特别做一些提醒：①做好青春期交往指导。②帮助孩子提高理解力，全面提高孩子的学习能力。③帮助孩子加强忧患意识和危机感。④继续强化立志教育，进行抗挫教育。⑤重视心理健康教育、道德与法制教育，保护好孩子的人身生命和底线生命。⑥不断进行新的亲情投入，保护好亲子关系和沟通习惯。

## 小学生家长的教育困惑有哪些

教育行业，说到底是服务行业。家长合理的需求是什么，我们就服务什么。整个社会人与人的关系，都是互相服务的关系。为了做好在家庭教育方面的服务，我们做了一些问卷调查。调查之后，我们发现一些小学生家长的主要教育困惑大致集中在以下几个问题上。

（1）学习时注意力不集中。（占调查人数的 64%）

（2）学习不自觉、不主动。（占调查人数的 64%）

（3）做事（做作业）动作慢。（占调查人数的 49%）

（4）学习上粗枝大叶，经常因为马虎错题。（占调查人数的 71%）

（5）玩心十足。（占调查人数的 41%）

（6）迷恋看电视。（占调查人数的 43%）

这里列出的六个问题，是接近半数和半数以上的家长选项。为什么教育困惑都集中在相关学习的问题上呢？

我们分析，一是大家格外重视孩子的学习，二是的确孩子目前的状况就是如此。那么，为什么孩子会发展成这样呢？

很多时候我们必须找到原因，才能做些改变“因”的工作，“因”变了，“果”也就变了。

我们必须对“因”展开思考。

其一，孩子本来应该是与生俱来就会主动学习的，比如他们要在适应中学习，要通过模仿来学习，学习说话的过程更是主动学习的明证。可是，是什么样的育人环境、什么样的表率使孩子成为今天这个样子呢?

其二，应该说孩子的潜能中就有注意力的，从孩子开始观察这个陌生的世界起，孩子就有注意力了，他们的兴趣在成长，注意力就在成长。他们在学习中没有注意力的表现，说明他们在学习上没有兴趣，可为什么前边那么多年里他们没有形成对学习的兴趣呢?

其三，孩子最重要的品质，是懂得判断是非、利弊，懂得什么是当下最重要的事情。可是，在学龄前长长的那么多年里，我们作为父母都做了什么培养呢?

其四，孩子没有生命动力，自然动作总是慢的；孩子没有责任心，自然做事马虎；孩子不懂得学习是他们成长中头等重要的事情，自然玩心十足，自然在电视机前不想离开。可是，我们是不是老想着这些培养工作都是学校的事?我们是不是成天都在那里批评孩子?我们想过自己如何来培养孩子吗?我们想过自己应该如何踏踏实实来学习一些家庭教育知识吗?

总之，在孩子的种种表现背后，就躲着那个“因”；你必须认真反思一下，这个“因”到底是什么。育人环境，自己的表率，兴趣培养，价值观培养，责任心培养，孩子生命动力的培养，自己责任的履行，到底是什么?

教育就是一个因果关系，有前因必有后果，看后果便知前因，若想果向好处变，就将莠因换良因。

### 杨老师寄语

育人，是不可能一步到位，一蹴而就的，我们总要给孩子一个慢慢成长的过程，可能不同于其他孩子的过程，只要你爱孩子就要像悦纳孩子一样悦纳这个过程，悦纳这个过程就是悦纳孩子的具体表现，给孩子慢慢成长的过程也是给我们自己一个分步扎扎实实培养孩子以达到教育目标的过程。

## 孩子缺乏学习动力，应如何培养

许多家长向我反映过，孩子进入小学阶段以后没有了学习动力，不知道应该怎么办。

怎么看孩子缺乏学习动力？一般来说，孩子玩心十足，对学习却没有多少兴致，不太自觉，不主动，大概就是缺乏学习动力了。如果孩子没有学习动力，我们应该怎么做？

（1）我们应该先明白，可以成为孩子学习动力的因素很多，因此培养他们的学习动力不要囿于那些“高大上”的；你应观察自己孩子身上可以成为他学习动力的因素，分析到底是什么，然后进行培养。我们培养孩子的学习动力一定要因材施教、因势利导。

（2）可以成为孩子学习动力的因素主要有情感、兴趣、习惯、理想、生存压力、学友影响、自尊心、好胜心、自立自强精神、环境气氛、责任感、使命感、自信心、成功欲、榜样和偶像作用等。我所说的培养，实际上是发现、利用和强化的教育过程。

（3）发现特别重要，可能是孩子偶然表现出的一次积极态度和行为，家长敏锐地发现了，并及时肯定了，表扬了，这种积极因素可能就生长了，成长了。因此，家长不能麻木，要有慧眼。

（4）家长在培养孩子学习动力的时候，不能“三天打鱼，两天晒网”。对孩子学习的关心，应当持之以恒、千方百计。伴随着孩子学习动力的培养，我们应注意加强对孩子学习方法的辅导，帮助孩子提高学习能力，这更利于孩子学习动力的持久。

（5）对孩子学习动力的培养，不要苛求全面，每个孩子有一两样动力就很好了，关键是需要有持续的动力，因此伴随着孩子学习动力的培养，需要培养孩子的意志品质，创造机会给孩子去参加一些安全的、科学的磨炼活动。

（6）培养孩子的学习动力，主要是需要培养他们对学习的热爱，热爱永远是孩子最好的老师；重点是培养他们的内动力，外动力给大了不一定是好事，因为那是压力，可能会造成心理负担过重。

（7）培养的方法，多用鼓励、督促、肯定、表扬、总结、谈心，而少用批判、责备，一定不用体罚、过度物质刺激。培养孩子的学习动力，也不能只就学习抓动力，学习动力说到底是孩子的生命动力、生活动力、人生动力，有时候需要我们在生活中首先培养起他们的生命动力、生活动力、人生动力，他们就会自然将其转化为学习动力。培养学习动力，提倡用“成功是成长之母”的教育思路，和孩子一起约定每个发展阶段的具体目标，靠拢了、达到了，就表扬他们，巩固了进步就选择正确的方式、内容奖励他们，然后再约定新的努力目标，这样用不断的目标带动孩子进步起来，学会去享受成功的喜悦。

生命需要能量，而且需要的是正能量。如果一个人没有生命的内趋力，便失去了生命燃烧的正能量，便不会有生命的活力状态。培养孩子的学习动力，实际上就是培养孩子生命的正能量，意义举足轻重。

**杨老师寄语**

好家教需要父母有教育的预见力。不少家长不懂得判断自己今天对孩子的一个态度、一种行为，明天会在孩子身上产生什么样的教育结果，这就是缺少教育预见力。因此，他们今天的所作所为可能对孩子的明天是不负责的，而教育成功的规律却是一定要“为了明天，做好今天”。

## 小学新生学习习惯的培养

从某种意义上来说，教育就是养成。基本学习习惯的养成，一般需要在孩子9岁前完成。过了这个底线，培养工作就加倍困难了！帮助自己的孩子迅速适应小学学习生活的钥匙，就是狠抓孩子的好习惯养成。通过养成的过程，培养出孩子的学习动力，积极向上、认真负责、刻苦勤奋的学习作风和不断提高的学习能力。

学习习惯的培养应当在小学前就着手进行了，这样做有两大好处：①良好习惯的养成是越早开始越好，容易做，容易出成效，容易直接进入正确的轨道，避免从批评教育、纠正教育入手，使教育以建设（即培养）的方式进行。②因为开始得早，培养的时间充分，我们的工作可以进行得有条不紊，在孩子上小学前就已经培养好了，这非常利于孩子顺利适应小学学习生活。

如果在小学前尚没有培养好，这时家长就特别需要配合学校老师，与孩子在保持不至于养成依赖性的距离上以陪伴和跟进的方式，用训练的方法抓好孩子独立、担当、认真的学习习惯养成。此时孩子学习习惯的养成，包括三方面的重要内容：一是培养孩子积极向上的学习态度和不断的学习动力；二是培养孩子勤奋刻苦的学习精神，以及一套良好的学习习惯，让其享受学习过程中收获的快乐；三是培养孩子逐渐找到适合自己的学习方法，提高学习的能力和效率。

### 1. 培养良好学习习惯的基本思路

（1）创设利于孩子学习的家庭氛围。

（2）从孩子的内因上激发和培育。

（3）用有效陪伴和紧跟的方式辅导孩子和监督孩子，家长应有教育的柔韧性和意志力。

（4）对孩子多鼓励，用孩子自身的优点来带领孩子进步。

（5）发现问题用耐心讲清道理和指点方法的方式解决问题，家长应有爱的智慧。

（6）有时需要用反复练习的训练法来达到养成。

（7）注意保护孩子健康向上和乐观自信的心理。

（8）家长应在孩子面前做学习进取的榜样。

### 2. 培养良好学习习惯的基本细节

（1）不要用培养孩子的特长来代替培养孩子的学习兴趣，应着力培养孩子广泛的求知欲、好奇心和质疑力。具体要求是：①既要培养孩子的学习兴趣，又要引导孩子不要单纯从兴趣出发，培养孩子学习的理智，形成学习的价值观。②引导孩子扩大知识的接触面，激发孩子的求知欲。③利用孩子的好奇心，引导孩子进入知识学习的领域。④不要扼杀孩子好问的天性，引导孩子不光问自己，还可以问书本、访专家、钻图书馆、搜寻网络、与家人讨论等。

（2）找到孩子的动力源，加以精心培育。兴趣、理想、情感、习惯、自尊心、成功欲、自信心、责任感、崇拜心理、热情的品质等，都可以成为孩子的学习动力，父母应善于发现并加以培育，同时，应善于利用故事、榜样和人物传记的作用培养孩子。

（3）从培养孩子爱读书、读好书开始。具体要求有：①引导孩子喜欢逛书店。②引导孩子越来越喜欢看文字多的书。③逐渐引导孩子增加阅读门类。④引导孩子关心科普读物，养成动手习惯。⑤逐步引导孩子形成阅读、思索、分享、写作的习惯。⑥引导孩子阅读一些短小的好文章。⑦引导孩子能静能动，能专心阅读，也能投入活跃的活动。

（4）要想养成良好的学习习惯，先要形成良好的生活习惯。具体要求有：①平时按时睡觉，懂得养精蓄锐，休息大脑。②自己准备生活用品，自己收拾书包，准备翌日学习用品。③平时遵守时间、珍惜时间，上学不迟到。④平时见人主动打招呼，在学校尊重老师，专心听老师讲课。⑤学会遵守交通秩序，学会安全过马路。⑥注重保持生活环境的整洁，在校园、教室不乱丢纸屑果皮等。

### 3. 小学新生需要重点培养的学习习惯

读小学一年级，知识教育可以是零起点，但是养成教育不能是零起点！可以接触知识，但不是提前进行知识教育；接触知识的目的是以知识为训练载体，要及时在孩子良好学习习惯的养成上下功夫。至于在之后的养成上做到什么程度另当别论，但不应该是零起点。

（1）每晚预习习惯的养成。

基本要求：为了迎接小学学习生活的到来，一定要养成课前预习的良好学习习惯，每天晚上不要提醒，自己看表，8 点以前一定要坐到书桌前，专心开始预习；主动请父母给自己布置学习任务，认真完成；然后请父母检查质量，签字并写评语；结束后自己收拾书包。在这样的预习过程中，主动同父母交流，体验成功的快乐、专心的效率、细心的好处、成长的自信和自学的作用。

（2）专心听课习惯的养成。

基本要求：从专心听父母和老师讲话开始，做到课堂上认真听讲，懂得尊重老师的劳动，积极主动地参加各种教学活动，大胆踊跃发言，遵守课堂纪律，积极动脑思考，与同学合作共赢。

（3）当天复习习惯的养成。

基本要求：当天学习到的内容当天晚上及时复习，加深对所学知识的理解和记忆，以提高课堂学习效率和作业质量。

（4）及时写作业习惯的养成。

基本要求：回家的第一件事就是完成当天作业（不一定是书面作业，提倡多样化，生动活泼、动手动脑），养成不完成好学习任务就不玩的良好习惯；认真独立完成作业，做到专心细致，审题认真，书写规范，按时上交，及时更正，决不重复错误。

（5）喜爱阅读习惯的养成。

基本要求：多读好书，坚持每天晚上睡前阅读半小时课外读物，不断拓宽阅读面；在阅读中增加识字量，记忆一些名言美句；保持正确的读书姿势，注意保护视力。

（6）爱好书写习惯的养成。

基本要求：在练习书法的基础上，练习使用硬笔正确地握笔和写字，掌握正确的写字规则和方法，逐步做到书写规范、工整。

（7）喜欢倾听习惯的养成。

基本要求：养成喜欢收听收音机播放的讲故事、朗诵的节目，养成认真倾听大人对自己说话，对大人提出的问题认真思考，平时生活中喜欢与人交流，勇于发表自己内心的想法，表述流利，叙事清楚。

（8）喜欢参加集体活动习惯的养成。

基本要求：依据个人兴趣、爱好及特长，积极参加有特色的集体活动，主动培养和发展自己的兴趣爱好、潜在能力，愿意彰显个性、磨炼毅力、培养恒心，提高自身综合素质。

（9）喜欢探究习惯的养成。

基本要求：养成喜欢问为什么的习惯，养成喜欢通过阅读书籍、独立思考、细心观察、请教专家来弄清楚问题的习惯。

（10）定时进入学习状态习惯的养成。

基本要求：什么时间练字，什么时间读书，什么时间听广播，凡是学习的时间自己都能够自觉地静下心来，让自己迅速地进入角色，专心地做好眼前的事情，做到不分神、有收获。

### 杨老师寄语

学习力是无比紧要的生命力，这是因为学习是人生更好成长的重要途径和手段。一个缺乏活学活用的学习品质的人，在青少年时期会带来学习困难，在工作之后会局限上升的空间，会影响一个人的创业和创新发展。因此，我们要从培养生命的高度来发展孩子的活学活用的学习品质，不做书呆子，但是要做热爱学习、刻苦学习、善于学习的人。

## 亲子互动游戏

### 爸爸的鞋子

**作用：**培养幸福感、创造力。

**时长：**10 分钟。

**玩法：**

让孩子穿上爸爸的各种鞋子走来走去，虽然走起来很不方便，但由于穿的是爸爸的鞋子，会有新鲜感，还会体验到强烈的幸福感。父母可以问孩子感觉怎么样，走路方不方便等这些问题。

## 训练孩子逐步学会时间管理

在孩子经历适应小学学习生活这一段过程之后，为了帮助孩子规避“不进则退”这种情况发生，促进孩子有一个更大的进步，我曾经给大家一个“留白”的方法，也就是引导家长不要永远用他律的方式来管理孩子，在孩子适应后的培养中应该逐步向培养孩子自律的方向转移。“留白”就是要给孩子一定的时间、空间上的空当，释放孩子的主动性，培养孩子的内因，不是完全“放羊”，而是要教会孩子时间管理，逐步走向自觉自主管理。在小学里给孩子多几年这方面的成长时间，是十分有利的培养。人与人的差异，往往就体现在时间管理的能力上。时间管理反映着孩子内驱动力的水平。

会合理地、科学地安排、使用自己的时间，这无疑是人生的一个好习惯，是人生的一个重要能力。帮助孩子养成这样一个好习惯，是帮助孩子迈好人生有力的起始步，是我们在给孩子扎实地做好人生重要的奠基。

养成好习惯的起点是生活中好习惯的养成。在良好生活习惯的养成中，帮助孩子形成正确的“生物钟”实际上是我们培养孩子学会时间管理的起步。正确的“生物钟”是孩子学习管理自己时间的前提条件。我们善于利用这个“生物钟”的成长是养成教育的一个智慧，是帮助孩子形成良性的条件反射来做好事情。我们应该一直顺延着这条培养线做好家庭教育。比如进入幼儿园阶段，我们给孩子强化养成定时做事的习惯，这就是引领孩子学会时间管理的继续。孩子进入小学，整个养成教育在全面强化，对孩子进行时间管理的培养，是推动他们从他律向自律发展的必需。时间管理教育，是生命教育和生命力培养中重要的家庭教育内容。

具有时间管理能力的人，是高素质的人，是交际生活中有尊重和守时美德的人，是学习和工作中有效率的人。因此，培养孩子学会时间管理在育人中具有举足轻重的意义。

### 1. 家庭里的生命教育

家庭教育里一定要有生命教育，生命教育是时间管理教育的基础。没有生命教育，时间管理培养不会有效。一个连自己生命都不爱惜的人，怎么会珍惜时间?

没有什么比生命更宝贵。在浩瀚的宇宙中，竟然会有这么一颗蓝宝石般的美丽的星球。在这个叫作地球的星球上，竟然进化出了千姿百态的物种。在“地球村”这个共生的家园里，竟然生存着具有超级智慧大脑的人类。这一切是多么的不可思议！将来科学研究一定能够回答我们心中的无数疑问。生命因为珍稀，而显得更加珍贵；因为不平凡，而显得更加珍贵；因为短暂，而令人倍加珍惜；因为共生，而令人格外呵护。

做人一定要有敬畏之心，敬畏大自然，敬畏生命，不可狂妄。

做人一定要珍爱自己的生命，珍惜时间，珍爱亲人，珍爱一切生灵，珍爱地球。我们一定要在平时的生活中有这样的生命教育。

### 2. 家庭里的生命力教育

跟随着生命教育发展起来的，就应该是生命力教育。生命力教育具体体现着对生命的珍爱，体现着对人的生存力和发展力的培养，体现着作为人的首要发展力的学习力的培养，是家庭教育最紧要的育人任务。我们的教育给孩子最重要的东西应当是什么？是生命力。

同一批孩子当中是不是当初功课最优秀的孩子大学毕业后在社会上最成

功？大概你经过比较分析后会发现，并不是当初的考试成绩在决定一些人的成功，而是他们之间真正较量的社会生存力和个人发展力（包括对社会发展的影响力）。生存力和发展力，这两样东西合在一起，我们就叫它“生命力”。

家庭里的生命力教育是一种非溺爱的家庭教育，是回归教育本质的家庭教育。它以培养孩子的生命力为宗旨。培养孩子的时间观念，培养孩子的时间管理能力，即是对一种具体的生命力进行培养。

### 3. 学习时间管理九步走的训练编程

（1）帮助孩子头脑里形成数、时间、时间长度的具体概念。

（2）帮助孩子形成对生命与时间关系的认知。

（3）指导孩子学习给时间和所要做的事情列表。

（4）指导孩子学习按照事情的重要性排序，然后选出其中紧迫的事情先做。

（5）教孩子给完成的事情打钩，随时统计已经完成的件数和未完成的件数。

（6）带动孩子锻炼养成立即开始行动的作风。

（7）指导孩子锻炼在大事与大事之间穿插完成小事情（短时可以完成，而且可以保证质量的事情）。

（8）指导孩子锻炼限时并保证质量地完成任务。

（9）指导孩子锻炼集中精力、发挥意志，做到能够坚持在一段较长的时间内完成好一件大事。

### 4. 提高效率的十二个方法

（1）专心致志。人一般在专注地做一件事情时做得快，而且也会做得好。

（2）雷厉风行。这是一种很好的作风，养成了这种作风做事启动快，完成得快。

（3）“智鸟先飞”。过去叫“笨鸟先飞”，其实，懂得先飞的人，应当说绝不是笨的，而是智慧的。先飞就是早做一步，可以掌握做事的主动，也是做事快的一种方法。

（4）道可补拙。道是方法，不光勤可以补拙，方法也可以补拙。讲究方法可以让事情做得快一些、好一些。

（5）熟能生巧。这是中国人常用的方法，通过训练达到熟练，然后水到渠成。

（6）细中求快。许多有名的工匠特别懂得这个道理，做活时并不盲目地求快，一个步骤一个步骤细细地来，但手下的活紧紧地做，不返工，因此从整体时间看是快的，而且产生精活。

（7）准备在前。机会属于有准备的人。因为有准备，所以做起事来就快手。

（8）分权合作。可以调动大家一起做事时学会分权。分权就是分工，因为大家分工负责，如果配合是默契的，这种形成合力的做事就效率高。

（9）快乐做事。心态很重要，以阳光心态来做事，事做得就顺手；以阴霾心态来做事，再简单的事也可能搞砸。

（10）比翼齐飞。调动亲密朋友和自己一起做事，心情快乐，合作默契，又有竞赛，互相鼓励，事情会做得又快又好。

（11）巧用零时。时间是挤出来的，不寄托大段时间，而注重抓零碎时间，因为抓得紧做事也快。

（12）发挥主动。人做事分被动型和主动型，主动型的人做事快，有效率。

## 怎样帮助孩子形成时间观念

帮助孩子形成时间观念是很重要的，因为时间就是生命，我们要让孩子学会珍爱生命，就要学会珍惜时间。

怎样让孩子形成时间观念呢？

（1）帮助孩子从小在形成数的概念时，就应形成时间的概念。我记得小时候，妈妈拿着一个闹钟，拨动指针，变化时间，让我认这是1点，这是2点，帮助我既形成了数的概念，也形成了时间的概念。我教孩子认识时间，是和孩子一起动手做了一个纸制的钟表，让孩子产生了兴趣，自己拨着玩，来认识时间的变化。

（2）孩子上小学了，我告诉她特别要注意时间，因为不能迟到，也不能早退，做事一定要有一个提前量，不能误事。为了配合教育，这时我们就应当给孩子买块手表了，以前是只有机械表，现在有又便宜又简单好认的卡通电子表，孩子也喜欢，就买电子表吧，让孩子一眼就能认出时间来。有了表，接下来就是监督孩子养成看表做事的习惯。

（3）我告诉孩子若想不浪费生命，就应不浪费时间，小学生要学会计划时间。为了配合教育，我教孩子制作时间表，注明从几点几分到几点几分做什么，要养成做事须精确到“分”的习惯。布置孩子做某件事情时一定要准确说明限时多久，不说“不要太久”“早点回来”“快一点”等这类没有明确时间概念的话，也不说“到点我去叫你”等一类的话，否则会使孩子始终都不会形成良好的时间概念，还会使孩子对大人产生依赖性，自己不能对自己有很好的时间管理。比如孩子想和小朋友一块儿玩，你要告诉孩子可以玩50分钟还是1个小时，提醒孩子记得经常看表，快到时间时就要开始收拾东西，准备结束游戏。如果你说“玩一会儿就可以了”，孩子对“一会儿”的描述是没有时间长度的概念的。

（4）要让孩子对时间有紧迫感，让孩子充分明白时间浪费了就回不来了的道理，生命也是虚度了就补不回来，因此要珍惜自己生命的每一分每一秒。比如我要求孩子在下午放学后第一件事情就是先做作业，因为我已经安排孩子在学校里面有一段时间一定要活动一下锻炼身体和休息大脑了，回到家里离吃饭还有一段时间，正好利用这段时间来完成作业，这样吃完饭晚上的时间才主动。孩子经过一段时间的体验，她就明白了这样要求的道理，如果哪天傍晚她没有抓紧时间，那天的晚上她一定就少了玩的时间，而且睡觉也会往后推迟。现在的孩子都是聪明的，他们当然不愿意自己惩罚自己。

（5）如果你的孩子做作业比较慢，你也可以利用时间管理的方法来帮助他。比如老师布置的数学作业有5道题，你让孩子想一下一般在课堂上同学们都是用多少时间来完成的。如果孩子回答说1小时，你就让孩子把1小时分配一下，一道题应当给自己多长时间。然后让孩子在一个本子上做出时间分配表，几点几分开始计算第一道题，几点几分开始计算第二道题……当开始实际做题时，你让孩子再把计算每一道题的实际时间记录清楚……接着引导孩子总结一下，自己是不是抓紧了时间，是不是每道题都节省了时间，总的时间是不是也节省了，是不是都正确。并告诉他做到了少花时间都做对就叫作“效率”，再教他花些时间仔细检查来保证正确就叫作“严谨”。如果孩子进步了，你就要鼓励他；如果孩子坚持一周学习效率提高了，你就应当郑重表扬一次；如果孩子坚持三周已经养成了好的习惯，你就应当奖励他一次。最后要求他巩固下去，并借小胜跟他商量是不是应当再达到一个新的目标。

# 陪是为了不陪

教育的目的就是要把孩子培养成一个合格的独立人，避免孩子在学习上养成依赖性，是我们家长一定要注意的。这篇文章虽短却重要，特别是一年级新生的家长一定要读一读，这是给你们提个醒。

一般小学一年级的老师都会建议家长们，在孩子刚开始学习写作业的时候最好陪一陪。这个“陪”，不是我们培养孩子的最终目标，“陪是为了不陪”。通过一段时间的陪，我们可以观察到孩子在学习时候的表现，然后及时地加以引导和培养。如果我们没有“陪是为了不陪”的认识，可能就会让孩子养成依赖的习惯，你坐在身边时孩子就会做得好一些，你离开了，孩子就不自觉了。这是因为你没有注意培养孩子独立地做事情，没有抓好孩子学习你需要有的培养目标，陪的过程变成了为了陪而陪的过程，而不是全面培养孩子学习品质的过程，也不是培养孩子独立主动学习的过程。

其实，老师的“教”也是为了“不教”，通过不断地给学生增加内动力，培养学生形成良好的学习习惯和学习方法，使他们有能力独立地完成好学习任务。家长在家庭里面，也要学会培养孩子学习的动力，帮助孩子养成学习的好习惯，指导孩子学会学习，使孩子能够自觉地、主动地、负责地、专心地、独立地、有效地学习。家长要做到这一点，就一定要加强自己的学习。自己不热爱学习，不懂得学习，只会一遍一遍对孩子提要求，“以其昏昏，使人昭昭”是行不通的！

## 杨老师寄语

家庭教育里的管理，其最高境界当然是不用管理。你需要培养孩子逐步学会自我培养、自我管理、自我教育，不是说真不需要管理，而是孩子的自我管理成长起来了，大人的教育管理就好像达到了“无为而治”的境界。

## 亲子互动游戏

### 遮住双眼引走

**作用：**培养定力、沟通能力、信任感。

**时长：**5 分钟。

**玩法：**

大人用眼罩蒙住孩子的双眼，拉着孩子的手朝前走，同时提醒孩子直走、左转、右转，可互换角色继续游戏，加强亲子间的信任感。

# 怎样培养一年级小学生的作业习惯

想让孩子顺利地、尽早地适应小学的学习生活，全面抓好孩子的良好习惯养成是很重要的，培养他们的学习习惯更是重中之重，在学习习惯培养中首先帮助他们养成好的作业习惯又是突破口。

关于一年级小学生的作业习惯，我听说过这样的事：一些家长接回孩子后，没有抓孩子应做的第一件事——完成作业，而是自顾自做饭去了，让孩子随便去玩或看电视。到了晚上孩子做作业时，妈妈一定要陪在左右，一定要手把手地教，说是不教孩子做不出来。孩子边做作业边玩，一般半小时内完成的作业可以熬一晚上。如果妈妈那天有事出去了一趟没回来，孩子不会自觉开始做作业，这一天的作业就会做到半夜。这时，妈妈就会心疼孩子，当着孩子的面大骂应试教育，结果当然是孩子就陷在了不喜欢做作业的恶性循环当中。

我听了这样的事很难过，替这些家长和孩子难过。孩子刚上一年级就这样，以后呢？可这些家长还说“不要紧，孩子还小慢慢来”，或者说“我有什么办法？”听到这些，我真有点不寒而栗了！本来孩子都是差不多的，都是挺聪明的，但逐渐差距就拉大了，为什么呢？原因就在于家庭教育的区别。

我们来简单分析一下上述家长教育失误的地方。

（1）在孩子尚未养成自觉学习的习惯时，你不要求孩子放学回到家里的第一件事情是做作业（没有作业就复习，凡学校学习的任务都是学生的作业），孩子就不会把学习当作是自己最重要的责任，这不利于孩子养成抓紧时间的习惯，也不利于孩子在进入小学以后在玩上收心。

（2）让孩子养成做作业依赖家长的习惯，不利于孩子养成独立学习的能力，不利于孩子养成在学校里专注听课的习惯，也不利于家长判断孩子白天在学校里的学习表现及其效率。

（3）孩子每天不自主做作业的状态，加上大人当着孩子面的负面情绪表现，都不利于培养孩子热爱学习、吃苦耐劳、专注做事、提高效率。

（4）孩子刚开始进入一个学习发展阶段，家长就让他养成了一种不良的习惯，也就像带孩子步入了一条不好的发展轨道，这势必造成孩子今后发展中的困难、曲折，也会造成家长自己在家庭教育中的负担。其实，孩子越小越好教，在没有养成坏习惯之前越好教。要真正爱孩子，真正为孩子好，就不要迁就孩子，而要狠下心来管好“第一回”，同样的错误不允许重复犯第二回。

孩子完成作业的意义，不仅在于掌握知识本身，而且在于大人懂不懂得利用作业帮助孩子养成一系列学习品质。孩子养成良好的学习品质，比知识本身还重要，这是他能够快乐、主动和理智学习的内动力。没有这种内动力，父母再费力孩子也很难达到“好好学习，天天向上”。

那么，我们应当如何培养孩子的作业习惯呢？

（1）告诉孩子学习是第一位的，就像父母工作也是第一位的，因此回到家里的第一件事，就是趁着饭菜没做好的时间把作业先做好。作业完成好了，心里就踏实了，晚上有时间还可以预习功课，或是看些自己喜欢的课外书籍。

（2）教孩子白天在课堂上一定要注意听老师讲课，老师讲课很辛苦，应当尊重老师的劳动。注意听课了，回家做作业才顺利，才可以很快地完成，而且保证是对的。

（3）为了保证作业做得又快又好，要懂得“磨刀不误砍柴工”的道理。先看看课本，回忆一下老师讲的，想一想同学们容易犯错的地方，总之应当复习之后再做作业。告诉孩子这是一个很好的习惯，可以强化记忆、避免错误、做题顺利。保证了平时每一次作业都顺利、正确，以后就不怕考试了，学习的负担就轻了。

（4）教孩子做作业要特别注意仔细阅读，理解题目，不要因为只求快而没有准确理解题意，结果做错了题目或根本想不出怎么做。告诉孩子该仔细的地方情愿多花些时间，每题顺利不出错，整体花的时间也会少；如果每题虽然做得很快却错了，即便最后检查发现了错误再改对，这样花的时间会更多，而且有可能因为求快而没发现错误。所以，应当教孩子记住“该快则快，该慢则慢”的道理。比如，审题时对重要的细节、容易出错的地方、计算的步骤等，一定要命令自己慢下来，做到“仔细再仔细”。这是培养孩子的责任心和细致严谨的作风。

（5）培养孩子独立完成作业的习惯。有条件的家庭可以给孩子一间单独的房间，我原先培养女儿就是这样的。我告诉她：“这是对你的信任，也是给你的学习创造一个安静的环境，相信你会自觉管好自己，希望你不会自己破坏掉我们对你的信任和给你的条件，你不要跟妈妈比，妈妈工作的特点是抓紧在白天做好分内的事情，我和你都需要在晚上继续学习，所以我们可以让妈妈看电视，她会把声音尽量调小不影响我们，而我们也要当作在锻炼和考验自己的注意力。”我要求女儿不能关紧房间的门，有时家里来客人的确吵可以关门，但不能锁门，我告诉女儿，这样我们就可以进来关心一下你，给你送来一杯水，你有需要问的学习上的问题也可以问一下，如果你锁上了门便是关闭了我们爱你的大门。我想我们的责任就是激发孩子在学习上的自动力，而我们真正应当做好的就是指导他们越做越好。

（6）帮助孩子提高做作业的速度。我的女儿也有过一段时间做作业特别“磨”，我没有去批评她，而是观察她，分析她为什么会慢，并根据原因做出相应的指导。我发现她做事格外认真，这是优点，我不会去抑制它。她写字握笔位置低了，影响了书写速度，我就开始指导她科学握笔，并跟她讲其中的道理。她小时候练过一段时间毛笔字，用铅笔写字后依然像写毛笔字，这样也影响了她的书写速度，我就指导她只要注意“横平竖直”见方形就好了，另外又教她认识了汉字笔画间的“平行律”，这样写出来的字就可以又快又漂亮了。她非常爱干净，老怕卷面不洁，因此擦来擦去，耽误了时间，我就通过培养她的思想方法帮她调整了对问题的认识。

不少孩子身上还有一个明显的缺陷，就是没有养成很好的注意力品质。我过去曾用过这么一个方法：让孩子每次做作业时先记录下开始时间，然后让孩子估计一下做完作业总共需要多少时间，进而给每道题分配大概的时间，列出个时间表，即开列每道题完成时的具体时间；再正式开始做作业，完成一道题看一回表，记录下实际时间；最后检查作业质量后，也要从效率的角度做一个小结。一段时间后，发现孩子在学习效率上有稳固的提高，我就会给点奖励，比如带女儿上书店选购一本书，或去西餐馆吃大餐。

引导刚读一年级的孩子养成良好的作业习惯，是养成良好的学习习惯中紧要的一环。我们在具体操作中，还不能仅就作业抓作业，应当一方面通过作业培养他们的学习品质，另一方面也一定要从更大的方面、更多的角度来培养他们的学习动力、良好的行为习惯和做人做事的智慧。没有这些大的支撑，作业习惯的养成就会非常吃力，甚至是事倍功半的。

养成教育是一切教育的基础。教育一定要开始于一张白纸，我们不应当等小树弯了再来矫正，把批评当作教育的全部。我们应当学会把培养做在前面，实施“建设性家庭教育”，培养孩子走一条“成功实践”的道路，还要利用孩子的优点和成绩来引导孩子不断地进步，鼓励孩子每天争取一点小进步，在进步的基础上争取更大的进步。此外，还要依靠我们大人的表率来带领孩子永远追求进步。

### 杨老师寄语

好习惯的养成，不能只靠要求和批评，主要还是要靠家庭的学习氛围和父母的表率。如果孩子从小就是在浓厚的学习氛围中长大的，从小就看着父母热爱读书看报的样子，那么，养成良好的学习习惯绝对是顺理成章的。因此，家长可能要反思一下：你家里有没有浓厚的学习氛围？你自己在积极学习上到底做得怎样？

# 教孩子学会自己培养自己

让孩子学会自己培养自己，是为了孩子能够全面协调地发展。这是需要家长给孩子定的一个自我发展目标，当然也是家庭教育的一个目标，一个衡量父母教育效果的标准。孩子什么时候懂得自己培养自己了，说明孩子懂事了，说明他的自我发展向着利好的方向快速开始了，因此，这也是家庭智慧教育的一个标志。这个标志的含义，就是孩子的内趋力启动了，孩子的内因被点燃了。再好的教育，对于孩子也是重要的外因条件，外因必须通过内因才能产生作用。但孩子内在积极向上的那颗“火种”，必须由父母最先发现，由父母最先点燃。父母一定要懂得这是家庭教育的根本任务、奠基任务。

本来孩子的内因调动没有这么难做。孩子的天性就会让他主动在适应外界环境中去发展自己，让他通过模仿去学习成长，让他使用自己的听力、模仿力和大脑去主动地学习掌握语言，让他在愉悦的玩耍中去释放自己的潜能，等等，只需要父母在早期敏感发现，因势利导就可以了。只可惜由于没有提前学习，父母不懂如何科学地育人，结果耽误了最佳时机。

教孩子学会自己培养自己，这不能理解成是父母给孩子一个道理、一个要求，这实际上是一种父母需要引导孩子进入的生活方式、成长方式。过去小朋友玩的一种游戏，叫“过家家”，这实际上就是小孩子自己培养自己的一种学习方式，演习过日子、角色交往、职业理想等，像演戏一样在玩的过程里就学会了好多东西。不过，这只是生活的教育。

一些自我发展的道理孩子小时候不是一下子可以理解的，只能先记住，日后慢慢体会，更重要的是，我们要为孩子准备一种让孩子可以学习自己培养自己的方式，一路上的这种学习体验方式才能将孩子的内因调动起来，发挥出自己主动学习成长的能动性。

我懂得这个道理已经到了初中二年级，现在觉得还是晚了点儿。有一天放学的时候，一位数学老师跟我聊天。他对我说："你现在发展得不错，但你想不想有更好的发展？"我说当然想了。他就告诉我，一个人要有更好的发展，光靠父母的培养是不够的，加上老师的培养也还是不够的，一定要有自己对自己的积极的培养！我不仅记住了这句话，更重要的是我开始了积极的行动。

我家里人一般都以为我内向，我小时候的确话少，但我知道自己其实并不内向，我之所以话少，是因为家里兄弟姐妹多，轮不到我开口，因此我在口语表达上就逊色了。当一个人自己想改变自己的时候，他一定可以改变。这次谈话之后，我跑到青年宫，在这个培养社会青年和高中生业余爱好的地方报名参加活动。我是一个初中生，刚开始人家不收我，我一连去了三回，最后感动了一位老师收下了我。我在那里学习了讲故事、朗诵、演话剧、演讲和辩论等，我彻底变了。

我学会了自己主动地培养自己，一个人的全面发展从此开始了。当时，我已经读到了高中，我观察周围的同学没有人像我这样认真思考三观问题的，我主动地关心一些社会上的大讨论，关心一些知识青年的代表；主动地学习心理学、哲学、佛学和修养方面的小册子；主动地跟我哥学习装配电视机的知识，等等。没有家长的指令，没有学校的要求，完全是自己的主动，有兴致就做了，做得高兴也没觉得特别辛苦，当然这些事都是利用零碎时间来做的，投在学习上的时间很多，没有影响到学业。

教育的全部奥妙就在于你培养的对象懂得了、学会了自己培养自己，学校教育如此，家庭教育也如此。当然，这需要有方法。当年我的老师用的方法就是轻松地聊天，也没有讲什么大道理，就是启发。我对自己用的方法，就是行动。心动不如行动，有行动才有收获，有收获才有真实体会，有体会才有坚持，坚持得长久才有人生的收获。

我下面再列出一些要求和方法。

（1）让孩子充分发挥在自我成长中的责任意识。我们必须提前培养孩子的责任感，让孩子在平时的生活中、集体事务中分担责任，并且严格要求，培养认真严谨的作风。责任感的形成有对自己生命的责任感，有对家庭、亲人的责任感，有对家乡、祖国和人民的责任感，还有对人类的责任感，这是一个全面的、长期的教育过程。

（2）注重家庭中的理想教育，要求孩子做一个有追求、有抱负、有目标的人。如果孩子根本没有志气，那这样的要求便是空的。当孩子已经有了主宰命运的志气，引导他们进入自己培养自己的状态就是顺其自然的事情。

（3）让孩子学会自己做人生的规划。家长首先需要学会怎么指导孩子制订阶段性的规划，然后帮助他们实现自己的规划。

（4）培养孩子健康的独立性，让孩子学会自立自强。平时要注重锻炼孩子形成坚定的意志、扎实的作风和独立的精神。

（5）指导孩子处理好课内与课外的关系、知识达标与深化发展的关系、知识与能力的关系、提前自学与教学进度的关系，注重促进孩子在学业中提高学习能力和效率。

（6）充分发挥孩子的学习潜力，让孩子了解学习成功者与一般学子的不同，主要在于预习的态度不同、对专心学习的程度不同、对学习失误的态度不同和对业余时间利用的程度不同。我们一定要在这四方面提高孩子，不仅要求孩子刻苦学习，还应该能给他们一些科学的指导。

（7）充分发挥孩子的主动进取精神，鼓励和指导孩子独立有效地自主学习。

（8）引导孩子在学习中把读思写行结合起来，做到动眼、动脑、动口、动手，提高学习效率。

（9）尊重孩子，信任孩子，让他们在自律自治中得到锻炼，学会自己培养自己。

（10）培养孩子学会自己培养自己，是对孩子培养的一个提升，一定要帮助孩子树立主动去锻炼自己的强烈意识和斗志。孩子需要激励，士气只可鼓，不可泄。

（11）指导孩子主动从多方面来丰富自己。一个人的成长与发展，有需要克短的时候，也有需要补短的时候，还有需要扬长的时候。扬长更加重要，社会用人如用器，做人一定要有自己的优势价值。

（12）要让孩子学会自己培养自己，就需要教孩子懂得“物以类聚，人以群分”的道理，支持他们主动去靠拢德才兼备之士。

（13）要孩子学会自己培养自己，就需要我们大人注意保护和培育孩子的生命状态，让他们始终保持正能量的精神状态。

亲爱的家长朋友，如果你能教孩子学会了自己培养自己，自己锻炼自己，自己管理自己，自己教育自己，那么任何孩子都可以跑起来，飞起来！衷心祝福你的孩子！

### 杨老师寄语

孩子自己培养自己，是一种释放孩子担当精神和主动性的教育策略，是一个孩子学会自主学习的成长过程。

## 正确理解“跳出分数来学习”

大家都非常关心孩子的学习，这是咱中国人一个很好的传统。但中国人的学习现在有些严重的偏差，大批学生的学习陷入唯分数的怪圈，因此我想给家长们一剂药方，希望对大家管用。

什么叫唯分数的怪圈？什么叫“跳出分数来学习”？难道分数不紧要吗？应该承认，在现实生活中分数是重要的。那么，既然重要，为什么又号召孩子要跳出分数呢？这完全是因为在现实生活中我们看到了一些家长培养孩子死拼那个分数和名次，一分都争，永远要得第一名，仿佛没有得到天都会塌，这就是过了！过与不及都不好。读书不能钻进死胡同，不应做书呆子。分数，其实只是大概说明了孩子的学习水平，只是在一些关键的节点上发挥大作用，它不能说明孩子的长远，孩子最终的发展结果主要决定于他对自己的经营和管理，决定于他和众人的合作与奋斗。

因此，我们反对为了拼分数去学习。钻进分数的牛角尖去学习，孩子的视界就狭窄了，通过学习发展自己的素养也就狭窄了，这就是为什么有些“状元”很难有大出息的原因。

学习，有狭义的学习，也有广义的学习。为了应试和分数去学习，这就是狭义的学习。一般在生活和事业中发展不错的人，都是比较注重广义学习的，也就是不光学书本，而且注重实际的、广泛的、随机的学习。我们提倡广义的学习。因而希望家长们不要培养孩子死读书，一定要“跳出分数来学习”。

我曾经接触过南宁二中、三中的一些学习好的学生，他们的学习并不是特别吃力，只是用了一部分精力去对付应试，而分出另外一部分精力来积极参加社团活动、学校活动、学生干部锻炼和社会实践锻炼，他们的学习是非常广泛的，从阅读书本到阅读社会，从阅读社会到阅读成功人士的人生，这样就使他们自己有了更好的发展。

“跳出分数来学习”，是一种素质教育的育人思路，不是靠压力逼着孩子为了那个分数用功学习，而是培养孩子唤醒内动力，自己主动为了发展好自己，全面地、生动活泼地学习。学会自己培养自己，是“跳出分数来学习”的标志。

举个例子，你对孩子现在小学的分数是看得非常重呢，还是看得恰如其分一些呢？我们发现一些家长是把那个分看得非常重的，如果看到孩子的考分不错，他们就满足了。因为他们的眼睛仅盯在分数上，分数就成了他们的培养目标，这样就掩盖了应该真正培养的是孩子的品质、知识和能力。

为什么这么说呢？我曾经看到过一个研究初中学困生的成果，其中总结出一个道理：你若想孩子进入初中阶段不沦为学困生，一定要让孩子具有“四个扎实”，即扎实的知识基础、扎实的良好习惯、扎实而广阔的阅读、扎实的学习能力。

我想，初中的这个考验，实际上是对小学阶段学习培养的一个考核。如果家长在孩子适应了小学学习生活以后不停顿，继续抓孩子的进步，就应该按照这“四个扎实”来培养孩子，而且把孩子自己培养自己的积极性也充分调动出来，这样发展可以有四五年的时间保证，还会怕孩子在初中沦为学困生吗？但是，如果家长只盯着分数，而不知道这“四个扎实”才是真正的培养目标，同样四五年过去了，那结果又会是怎样，难道不是天大的遗憾吗？

有家长还在那里担心，问我在应试教育的大环境中，如果不重视分数，孩子会不会吃亏？其实，“跳出分数来学习”不是不重视成绩，而是获取成绩的思路与应试教育的思路不一样，不是把培养目标锁定在那个分数上，而是把培养目标钉牢在人的素养上。孩子的好素养被我们培养得扎扎实实，分数也一定不会差。因为当孩子的学习已经不仅仅是为了分数，他有了更高的人生目标，对自己也就有了更加主动、全面的培养，就一定会有值得信赖的发展空间和前景。

希望家长朋友们不要再死盯着那个挡在眼前的分数目标，而要在“四个扎实”上做足培养的功夫，千万不要误了孩子！

## 夹豆子比赛

**作用：** 锻炼孩子专注力，培养秩序意识。

**时长：** 5~10 分钟。

**玩法：**

准备 4 个碗，孩子和大人每人 1 个空碗，其余 2 个碗中各放入 30 粒大豆，然后比赛用筷子把大豆夹入空碗中，看谁先完成。孩子赢得比赛后，会增加自信。

## 为了适应初中的学习家长应做些什么准备

我们需要“为了明天，做好今天”，需要学会对孩子做好铺垫性培养，有准备的孩子发展上才有后劲。解决小学与初中的教育衔接问题，不仅仅是智育问题，不仅仅是小学六年级的事情，不仅仅是学校的工作，家长们做好孩子的铺垫性培养尤为重要。

我们经常会讨论孩子的学习负担，总希望他们的学习负担会减轻。其实从总的趋势上看，孩子到了初中后学习负担是一定会加重的，到高中阶段学习负担还会加重。这些学习压力是客观存在的，我们没有捷径可以逃避。

同时要看到，随着学生的负担逐渐重起来，他们的学习能力实际上也在提高之中。只要他们的内动力在增加，学习的习惯是好的，并且越来越懂得学习的方法，他们就一定会有自信和能力来适应这些负担和压力的。因此，我们要孩子适应初中的学习，关键是培养孩子的学习动力和学习能力。

培养孩子的学习动力，最重要的是培养孩子的内动力，也就是要注意培养孩子发自内心的自己给自己的那份动力。这需要家长仔细观察自己的孩子，观察他们身上有没有一种可以通过衔接来培养光大的因素，比如情感、兴趣、愿望、追求、要强心、自尊心、责任感、自信心、闪光点等。然后对孩子进行开导、鼓励、小目标牵引、陪伴、支持、肯定、指导、训练、表彰、总结、再立新目标的训练。我们的培养就是在这样无限循环往复的过程中开展的。因为孩子后面有一个逆反期，所以我们应抓紧 12 岁前的培养工作。在学习方面，重点培养是学习动力和学习能力。有了学习动力，任何困难也不在话下；

有了学习能力，任何困难也是可以战胜的！孩子有了内动力，学习就会主动起来；主动了，心理负担就会减轻；心理负担减轻了，学习乐趣就会产生；学习快乐了，办法就来了；有了学习方法，能力就上来了，效率也就提高了。大家想想，是不是这个道理？

孩子就是在这种百折不挠、千方百计的培养中进步的。

培养孩子的学习动力是第一位的，培养孩子的学习能力也举足轻重。孩子有可能在学习的压力下坚持不住，这时最需要的是鼓励而不是鞭笞打击！教给他方法特别重要。比如孩子将来上到初中，学习就不会依然如小学这么容易，小学时对学习方法的考验还不是非常严峻，但到了初中需要的就不是单一的学法，而是多元的学法了。那时学科多了，需要高效的学法；理科多了，需要学习数学、物理、化学的不同方法；遇到背记不了英语单词的困难，需要相应的特殊的记忆法等。因此，家长自身就需要学习一点学法，总结出自己的一些学习经验，并在适当的时候点拨一下孩子，或推荐一本适合的好的学法书。

### 杨老师寄语

对一些后进的孩子，我们应善于发现他们内心蒙尘的“火种”，千方百计点燃它。这所谓的“火种”，实际上就是孩子本身的内因——他们可以激发起来积极上进的动力。其实，所有孩子都需要家长培养内因，内因启动得越早，教育难度越小。我们家长需要学习培养内因的方法，重视早期教育中孩子内动力的培养和启动。

## 6~12岁儿童的家庭教育效果自评建议

（1）养成健康的饮食习惯、良好的卫生习惯和作息习惯、坚持每天定时进行体育锻炼的习惯、卫生用眼的习惯，身高和体重能够比较迅速地发展，身体健康。

（2）具有热爱生命、珍惜生命、呵护生命的意识和行动，具有安全意识、自我保护常识和生命自救的基本技能，尊重他人的生命权利，在危急时刻有理智的能力去面对，在社会生活中有秩序和规则意识去自律。

（3）在以热爱家庭为出发点的家务劳动中养成了责任感，养成了儿童基本生活自理能力，没有依赖性，具有自立自强的精神。

（4）养成劳动光荣、懒惰可耻、铺张可耻的观念，在富裕的生活中依然具有爱劳动、会劳动的品质和能力，依然具有勤俭持家的作风和能力，依然具有克制自己欲望的品格和能力，依然具有仁爱、义勇和德智的生命正能量。

（5）具有感恩父母、诚实为人、诚信做事的人生态度，具有热爱祖国、热爱中华文化、热爱家乡的赤子情怀，具有尊师重道、知书达礼、报国行善的君子志向，切实地立志、立德、立行。

（6）具有学习的情感动力、兴趣动力、习惯动力和理想动力，具有快乐学习的心态、主动学习的状态和智慧学习的方法，学习成绩天天向上。

（7）形成适应初中学习和更加长远的未来所需要的八大生命品质：交往上的分辨能力、学习上的加速能力、拐点上的应变能力、挫折中的坚韧能力、玩物前的自控能力、压力下的调适能力、青春期的战胜自我能力、家庭里的和而不同能力。做一个有目标、有规划、有坚持力、有实干精神和能力的人。

### 骑脚掌自行车

**作用：**培养自尊感、沟通能力、运动能力。

**时长：**1 分钟。

**玩法：**

大人和孩子脚对脚躺在地板上，两手交叉于脑后，同时抬起脚，让脚掌相对，像踩在自行车脚踏板上一样来回蹬动双腿，一边蹬一边计数。动作越来越熟练后，可闭上眼来蹬，直到累了为止。

# 第四章

# 父母的爱需要智慧

孩子发展优秀，你爱他，那是自然的爱；你看到了孩子身上的问题，你恨铁不成钢，那是有责任感的爱。然而，我们不能永远停留在这第一层或第二层爱的境界上，父母要不断加强学习，提高修养，争取达到有教无类的爱，达到有智慧的爱。这是一切真正爱孩子的父母努力向上攀登的第三层和第四层爱的境界。懂得了重在培养的精神，懂得了重在扬长的策略，懂得了唤醒孩子的内因是孩子真正的起跑线，懂得了可以通过长善来达到救失，可以把克短包含在正面培养之中，可以领着孩子走一条“成功作为成长之母”的道路，你就开始真正懂得了建设性家庭教育。

## 教育孩子要一步一步来

中国人望子成龙、望女成凤的文化意识是不太好改变的，但你不要以为孩子真可以一步登天，一蹴而就。推动孩子向上的教育，客观上成了孩子进步成长的动力，这还是好的。最怕的是孩子没有积极上进的愿望。至于在向上的趋势中能够达到哪一个层次，这就要看孩子的造化了，你作为家长还真不好苛求。然而，你能够做到的，是培养孩子从小有一个积极向上的精气神。这个是你的责任！

但是，你不能着急。孩子的成长需要一步一步来。我管这种培养叫作“竹节策略”，孩子的成长就如同那竹子需要一节一节地长高，每个阶段上我们同孩子约定一个努力的目标，是可以“跳一跳够得到”的目标，用目标不断地带动孩子一点一点地进步，这就是“以成功作为成长之母”。

不同的孩子，有不同的起跑线，所有的孩子没有共同的起跑线，因此不会发生输在一条起跑线上的事情。孩子成长上的失败，说到底是家长教育的失败。其中有一个失败的原因，就是家长那种一步到位的培养方法。比如，家长根据自己的体验，觉得自己的孩子将来应该发财，于是就在孩子还很小的时候安排其学习发财之道，结果没多久就发现孩子把发财之道用在了一家人的生活中，这时家人又感到不好了。家长不知道培养孩子的财商之前，首先需要有一个德商、情商的奠基；就是培养财商，也需要一步一步来，首先应培养孩子学会理财中的自律自理，然后学会挣钱中的自立自强，最后才是学会发财中的大气大德。孩子成长的道路是跑马拉松，不是跑短跑，家长着急不得。每一种花都有自己绽放的季节，每一个孩子都有自己醒悟开窍的时间，我们需要有耐心，孩子需要我们的等待，我们要把未来要求孩子达到的目标化作一步一步的切实的小目标，一步一步培养孩子，就如同竹子生长，向上、向着阳光一节一节成长起来。

一步到位的培养方法之所以不好，是因为它寻求了人的“跨越”发展，即超越阶段的发展，忽视了孩子的发展需要基础，因而冲击掉了许多应该做好的奠基性教育培养任务，使孩子的发展不牢固，甚至发生偏差。

（1）学习上的一步到位。孩子尚处在早期教育阶段，由于家长对学习竞争的焦虑，惧怕孩子在“起跑线上输掉”，于是早早地就开始给孩子安排小学化的学习培训。这时孩子的记忆力可能已经有了良好的发展，因而家长也能看到明显的学习成绩。但是，却让孩子的学习开始于压力，开始于负担，开始于被动，而孩子的学习应该开始于快乐，开始于热爱，开始于主动，这个奠基性的培养你跨越过去了，这样孩子的学习便失去了持续良好发展的动力。

（2）民主教育上的一步到位。你希望这个社会更加民主，于是你把自己的民主愿望带进了家庭，但是民主教育被你简单化了。民主教育的第一步是首先需要把孩子的规则和秩序意识培养起来，然后随着孩子的成长逐步扩大孩子自己做主的程度，当孩子在我们的培养下有了一定的独立能力时，我们就继续放手给他们锻炼学习自治自律的实践，着重培养好他们当家做主的能力，这才是真正的民主教育。而不少家长跨越了中间长长的培养过程，想一步达到让孩子自主决定的地步，结果当孩子自主错了，家长又来“大批判”，于是“反叛”发生，“战争”不断，教育失控。

（3）实现欲望上的一步到位。人的欲望可以成为正向上的动力，也可以成为具有破坏性的负能量。一些家长给孩子从小就无限制地满足其欲望，而不知道欲望的膨胀可以让人变成魔鬼。我们在孩子 1~3 岁期间，必须着力培养起孩子学会节制自己欲望的品质和能力，如果我们跨越了这个培养过程，孩子就不会懂得一些正当的欲望可以依靠爸爸妈妈的劳动帮助他们实现，一些健康的欲望要在爸爸妈妈的指导下依靠自己学会节俭攒钱来实现，一些健康的大的欲望一定要在将来依靠自己的自强不息去实现，而有些欲望却是自己一辈子都不能涉足的。孩子不懂得这些道理就会走弯路！

育人，是不能一步到位的，我们总要给孩子一个慢慢成长的过程，也要给我们自己一个分步扎扎实实培养孩子以达到教育目标的过程。

### 杨老师寄语

凡是培养，必分步骤。对孩子的培养不能着急，不能一步到位，只能把大目标分解成小目标，一步一步慢慢培养孩子。教育本来就是慢教育，不能急功近利。

# 顺其自然、因势利导、自由发展与快乐童年

面对复杂的世态，我们有时候的确可以“难得糊涂”一下，但在家庭教育的理念上却是需要“难得清醒”的。

我经常听到一些爸爸妈妈说，自己对孩子的态度就是“顺其自然”，只要孩子高兴就好。听到这样的话我是很担心的，因为“顺其自然”是针对“拔苗助长”的，是强调我们应尊重孩子成长的自然规律，这无疑是对的。但“顺其自然”不等于不需要对孩子培养，而是需要我们按照规律科学育人，因此不能“只要孩子高兴就好”。假设孩子入学后不爱学习，怕苦怕累，难道说我们就随其意，让他们玩去吧，反正高兴就好，这行吗？对孩子负责吗？

我要明确地告诉大家，光讲“顺其自然”是不行的，一定还要加上“因势利导”，按照孩子自身的身心特点、发展势头，向着有利的方向顺势而导。

除了“顺其自然”与“因势利导”是不可分的，还有一样重要的东西也不可分，这就是“自由发展”。“顺其自然”是教育正确的态度，“因势利导”是教育科学的方式，“自由发展”是教育必需的途径。这三者合在一起，就是现代“因材施教”的伟大教育思想。这种教育思想是完全符合教育客观规律的。现在的教育为了功利的目的，完全背离了对个体人的尊重。功利性、阶级性、集体性培养，超常地挤压了个体性的培养和发展。只有“自由发展”的实现，能够促进素质教育个性化发展的实现。

现在的教育，无论是学校教育，还是家庭教育，基本上没有孩子的“自由发展”，或者成了放任的“自流发展”。“自由发展”的真正体现，一是

应该解放孩子的时间、空间、大脑、双手、耳目、嘴巴，引导孩子进入一种主动、生动、活泼、创造的学习成长状态；二是充分发挥出孩子的潜能，点燃孩子内心的火种，让孩子能够学习自律自治，成为因为自觉、自律而享受到自由感觉的人；三是孩子的独立思索得到了充分培养和发展，心灵获得了自由的最大空间和快感，学生不是因家庭背景或学业的失败与成功而在社会上分流，而是真正能够按照个人的兴趣来选择自己的上升空间。如果说改变教育的整体缺陷异常艰难，但选择拥护孩子自由发展的父母，是可以在家庭教育中部分地尝试贯彻这种现代的教育理念的。其实，只有实现了人的自由发展，才会有孩子真正的快乐童年，才会看到中国教育的希望。

## 培养孩子最重要的是培养大脑

我经常强调：培养孩子最重要的是培养大脑。有些家长朋友信这句话，有些不信，有些可能会反对。我听过反对的意见，他们说“德应该是第一位的！”我问他们“德就是我们选择做什么样的人，怎样做人，是不是？这要不要经过我们的大脑？”他们沉默了。

人类最宝贵的是什么？就是大脑！正是这个大脑让人类成了高等动物，让人类可以通过教育成为现代文明人，让人类可以选择通过什么样的科技、什么样的发展道路走向世界大家庭的未来。因此，我们特别要珍爱这个上天赐给我们的独一无二的大脑，保护好它、培养好它、使用好它。

有的孩子无自控地、无休止地玩电玩，不仅掠夺性地伤害自己的眼睛，也掠夺性地伤害自己的大脑神经系统；有的孩子无心向学，他们不懂得人类的大脑正是通过大量的学习活动摄入了大量有用的信息，至今还处于快速进化之中；有的孩子不愿意动脑筋、用脑筋，这正像刀不磨慢慢生锈而钝去……你使你的孩子懂得了珍爱自己的生命、珍爱自己的生命价值了吗？你在着力培养孩子成为有头脑的人了吗？

有些家长总以为早给自己的孩子往大脑里面填充知识，多填充知识，孩子就可以比别人家的孩子聪明了。是这样吗？不是的。有的孩子尽管功课学得很好，就如同某大学那个给同学下毒的学生，没有健康的价值观，没有容人的胸怀，最后害了别人也害了自己，害了别人的家庭也害了自己的家庭，这是一个聪明反被聪明误的典型例子。因此，培养孩子绝不是简单地灌输知识，也不是仅仅培养聪明的大脑，我们应该培养孩子成为有智慧的人，把学习知识的过程变成一个增长智慧的过程。

懂得在孩子学习知识的过程中提升其智慧，重视培养孩子有好的个性发展，有好的价值观，就能真正把孩子培养成一个有头脑的人。

培养孩子独立思考的习惯是培养孩子个性的重点，这是一个从小到大逐渐培养的过程，是一种需要生长在正确的是非观、利弊观和境界观的土壤上的好习惯。让孩子懂得判断是非利弊，懂得从小追求高水平、高境界，这些是特别重要的前提性工作。

培养孩子的大脑，除了要有智慧、有独立性，还应注意要有理性，遇事要冷静，分析问题应客观、全面、辩证和中肯，要学会控制自己情绪化的表现，表态和做事应实事求是、老老实实，应多从国家建设的角度发挥自己的正能量。朝着这个方向培养孩子的思维，就需要家长首先有健康的思维，应懂得一点科学的思维方法，做人民主，能够与孩子很好地讨论一些问题，平等地交流沟通，通过语言参与思维的方式，影响孩子经过独立思考形成自己的思维方式，得出自己的思维结果，然后用求同存异、殊途同归的方式取得共识。孩子在走向独立，走向青春期的过程中，都容易产生不同程度的逆反心理，提前培养好孩子的思想方法，是把逆反问题降到最低程度的一个有效的教育思路。现在的孩子普遍上网，网络是一个开放的世界，多元文化的空间，既是一个民主的讲坛，也是一片良莠杂陈的田野。在这样一种环境下培养孩子的理性思维，更容易锤炼一个人思维的缜密性和包容性，也更能培养孩子具有复杂的大脑功能和纯正的心灵力量。

## 多元智能理论在家庭教育里的运用

我曾经为一所学校策划的办学思想，就是多元智能理论的实践。这所学校发展得不错，教学质量值得信赖，办学很有特色，多元智能理论的贯彻一直是他们的强项，已经是一所家长眼中的热点学校。我现在很希望多元智能理论也能被家长选择运用，形成自己健康的教育理念，正确地对待自己的孩子，因材施教地培养自己的孩子。

前几天，我遇上一个孩子，他的优势恐怕就在美术方面，但是，家长的意见还不一致，下不了狠心在这方面投入来培养孩子。如果他们能悦纳多元智能理论，那该有多好啊！

多元智能理论是由美国哈佛大学教育研究院心理发展学家加德纳于 1983 年提出来的。这是一个非常先进的教育理论，它和我们老祖宗说的“三百六十行，行行出状元”有异曲同工之妙。如果说我们老祖宗的说法尚在经验的提炼之上，加德纳则是用现代科研的方法得出了更加有力量的类似的结果，用科学支撑了古老的说法，并为现代教育建立了理论的系统。

通俗地讲，多元智能理论就是承认每一种智能，尊重具有每一种智能优势的人。这一点非常紧要，如果你的心中总是把不同的智能分作三六九等，在家庭教育里又怎么能够用欣赏的眼光来对待你不认可的具有不同智能优势的孩子呢？根据多元智能理论，古训“因材施教”“因势利导”是完全正确的。

孩子是成长中的孩子，变化是孩子身上可以唯一不变的趋势。我们必须尊重孩子的天赋，尊重孩子与生俱来的潜在智能，在发现和正视自然的基础上因材施教、因势利导，为孩子创造可以成为最好自己的育人条件，让他们能够向利好的方向变化发展。谁都不要过早地给孩子下定论，作为父母只管做好培养孩子好的本性和优势智能的分内事。“师父领进门，修行在自身”，我们要注意释放和培养出孩子的自动力，这一点在培养孩子时应该优先考虑和偏重作为。有自动力的孩子会有更好的发展优势。

我们如果选择悦纳多元智能的教育思想，还有一点也需要特别提醒大家，就是我们不能片面理解偏科或只会一样就是优势智能的表现，孩子本人也不能这样认为，因为这样会非常制约一个人的发展。优势智能应当是一个合理而协调的组合，也就是一个人可以尽力发展自己的特长，并努力将特长发展为职业专长，可他们必须明白专长之下需要一个厚实的底蕴，也就是要重视多门学科的协调关系，解决好独木与沃土的关系，独木要长得好一定是离不开沃土的。

家长如果接受了多元智能的教育思想，还需要了解和掌握培养孩子优势智能的三个基本思路：扬长避短、扬长补短、扬长克短。这三个基本思路可能都用得到，可能会用到不同的方面、不同的时候、不同的事情上，我们要争取用合适。同时，我们也要知道培养孩子优势智能一般有五步基本程序：①发现潜在智能。②开发潜在智能。③引导扬长以避短。④在某一智能的基础上“滚雪球”，丰富这一智能的内涵。⑤形成“优势智能组合”的发展方向。

我衷心希望有更多的家长朋友了解多元智能理论，悦纳它，并不需要苛求自己有多深的钻研，能做到即知即行，那就很好，起码就能做到这样几条：更准确地理解“有教无类”，正确地面对独一无二的孩子，学会了更好地培养孩子独特的优势。这将是孩子多大的福祉啊！

## 中庸思想在家庭教育里的运用

中庸到底是什么意思呢？孔夫子说："君子中庸，小人反中庸。君子之中庸也，君子而时中。小人之中庸也，小人而无忌惮也。"

这意思就是说，君子是讲中庸的，而小人则是违背中庸的。君子之所以中庸，是因为君子随时随地做事只做到适中，不会有过激行为，也不会有不及行为；小人之所以会违背中庸，是因为小人肆无忌惮，专做极端之事。显然，孔夫子提倡中庸，是反对走极端，主张做事适中，既不要过度，也不要不及。

将中庸思想运用在我们家庭教育里边是非常有益的。家长掌握了中庸的思想方法，对于自己更好地注意把握教育的度，拿捏教育行为的分寸，是会有帮助的。例如，一个小孩子把饭店里的电视机屏幕搞坏了。妈妈知道事情的严重性，可是孩子当时并没意识到这一点，他主动说要去道歉，结果在后面的处理过程中，他才知道是要赔偿的，这时他才意识到问题的严重性。妈妈考虑到孩子完全是无意之错，而且有主动道歉的态度，因此并没有严厉批评他，而是帮助他总结了这一次的教训。妈妈做得很对，既不是没有教育，也不是怒批一通，而是做得恰到好处。这就是中庸思想方法在处理问题时的自然运用。

如果家长头脑中完全没有中庸的思想方法，很多时候面对孩子的错误容易爆发极端情绪。有一位爸爸，孩子主动向他汇报了自己在学校里犯的错误，结果他完全没有意识到这是孩子诚实的优点，却当即把孩子骂了个"狗血淋头"，从此孩子向他关闭了心窗。这个例子帮助我们认识到：教育是最讲中庸的，最讲度的，无论是自己的教育态度，还是教育行为，都应该争取做到适度，既不能过分，也不能不足，争取恰到好处。

我们也应该用中庸的思想方法武装孩子的头脑，教育孩子做君子，不做小人；做事不走极端，右不好，左也不好；培养孩子有敬畏心理，生活中不任性，态度和行为都不可过分，为人处事不可过，也不可不及。孩子有了中庸的思想方法，进入了青春期，他们也不至于大闹叛逆，因为他们知道走极端不好，即便有不同意见，也会恰如其分地表达，他们已经习惯了态度、行为适中。将来他们长大了，走入社会，也会习惯于在两个极端之间走一条正确的路径。

# 将国宝“雅”文化请进家庭

我曾经为一所学校设计了“雅”文化。这个“雅”文化是我们可以跟世界相通的共同语言，它可是我们民族的国宝啊！我建议家长朋友们应当把它请入家门。

（1）培养孩子多读书、多思考、多习作以成就其文雅。好读书，读好书，读书好，这是育人的一条阳光大道。读书、思考、写作，日久天长，潜移默化，人的文雅气质自然就出来了，这可不是作秀可以做出来的。

（2）培养孩子多助人、多谦让、多吸纳以成就其高雅。高雅也是一个人身上自然的贵气，这可不是富贵可以炮制出来的。高雅出自一个人心底的善良美好，心底的东西是一万次善良美好的行为滋养出来的。因此，平时多助人、多谦让、多吸纳人生中高尚的“花粉”，才能使一个人品行举止透露出高雅。

（3）培养孩子多理解、多包容、多舍得以成就其雅量。没有雅量非君子，没有雅量何民主，对周围人不能理解，不能包容，舍不得自己的蝇头小利，这样的人富有则抠，位高则贪。因此，我们从小培养孩子一定要引导和锻炼他们的同情心、包容心和公益心，以成就他们的雅量。有雅量的人，做事格局才大，作为才大。有雅量的人，做人心态才好，幸福感才高。

（4）培养孩子多养性、多崇文、多大爱以成就其雅趣。一个人还需要有生活中的雅趣，否则除了工作还是工作，很容易产生职业倦怠。人生需要的雅趣，需要我们从小培养孩子养成，有一两种美好的文体特长或爱好是必须的，可若能同时养成阳光的个性，爱读点好书，能静下心来，喜舞文弄墨，有慈悲济世之心肠，那便更有丰富的雅趣了。丰富的雅趣赐给我们丰富的人生，丰富的人生带给我们心灵的快乐和幸福。

（5）培养孩子多尚美、多尚简、多尚德以成就其雅致。雅致是一种生活的高雅和精致。如果我们从小就培养、引导孩子追求美，崇尚简，看重德，人的整个品位就不会平庸，不会低俗，不会富得珠光宝气而不过“土豪”罢了，不会虽衣冠楚楚却因任性霸道而不免“露光”。我相信绝大多数家庭都会选择高品位的生活方式，过一种美好、简约和崇高的生活。

（6）培养孩子多练形、多识礼、多内修以成就其优雅。优雅是一种要通过训练达成的人的身姿衣着举止。在生活水平已经达到一般的水准之上，做父母的就应该投资自身做一些这方面的学习训练，让自己学会形体训练，学会穿衣打扮，学会知书达礼，学会修身养性。父母就是孩子最好的老师，父母言行形象优雅了，孩子看样学样，日积月累，潜移默化，渐渐地就走向了优雅的方向。如果我们还注意从小给孩子一些这方面的培养训练，孩子就可以更快地形成优雅的气质。

# 变“命令”为“建议”，事半功倍

女儿从小到大我都是喜欢跟她讨论些问题，原来是鼓励她先说，听完她的，我就会问上一句：“想不想听老爸给你点儿建议？”然后我再说。我不喜欢“命令”，都是“建议”，女儿听得很高兴，做起来不折不扣。现在，女儿大了，在国外读研究生，又结了婚，我就更不会命令了，她也不可能像小时候那样永远是我的粉丝。可跨洋电话打过来，我们还是会一起讨论学术问题，她也依然会听我讲几条建议，我真怕讲错了，反复问她：“不知我的建议有没有用？”她每次都肯定地回答我：“有用，有用。”“很有参考价值。”

许多家长朋友却习惯于“命令”孩子，因为他们认为孩子小，不懂事，所以就应该“我安排你你就听，谁叫我是你老爸呢！”这话说对了一半。的确，孩子与我们就是子与父、子与母的关系，就是被培养者与教育者的关系。但是，我们想没想到现在是一个个性的时代，孩子在这样的社会氛围里成长，小的时候还可以言听计从，逐渐长大了呢？孩子慢慢地就会想“你一个大脑，我一个大脑，我为什么一切都要听你的？”现在，为什么不少家长会遇到孩子突然发生了很大变化，变得不听自己的了，闹起了严重的逆反心理？就是因为我们没有提前认识到孩子可能发生的心理变化，没有提前想到社会大环境的影响作用，所以也就没能提前找到适合的教育方式。

其实，教导培养孩子，都应当十分注意安排好适宜的途径和方式方法。为了避免上述状况的发生，家长朋友应注意以下几点。

第一步，先要在孩子和我们之间形成良好的亲子关系，这是教育往后进行必需的情感基础。血缘只是形成亲情的种子，亲情的发展还要靠彼此情感的不断投入。如果家长对孩子采取溺爱的方式，就会形成孩子以自我为核心，养成习惯无限地接受大人给予的爱，而不懂得自己也需要学会爱别人，学会回报大人的爱（这就是传统教育提倡的“孝道”）。这第一步教育没做好，就会影响第二步。

第二步，在良好亲子关系的基础上，发展家庭中正常的夫妻关系、母子关系、父子关系。这是必要的客观的家庭秩序的形成。实际上是教育对权威的需要。但你不要以为，只要你硬挺捍卫“老爸与孩子”这种领导与被领导的关系，就能满足当代民主社会的教育需求。不是的。在过去，许多文盲或半文盲的父母，也可以教育出很有出息的儿女。可今天，这样的情况越来越少了，因为孩子对自己的父母也有了更高的期望和要求，这就如同父母对孩子的标准也在提高。如果你不注重与时俱进，你在孩子心目中的权威性就会动摇。因此，素质教育的推进中才提出了“与孩子共同成长”。前不久，一位华裔的美国教授撰文批评美国的父母太过迁就孩子，举自己教育孩子的个案说明中国人的“严要求”和“该替孩子当家时就当家”的做法的成功。有的家长产生了错误的理解，以为还是“命令主义”“酷吏主义”好，这样又容易走到另一个极端上去了。其实，应当是“严字当头，爱透其中。”一方面能狠下心来严格培养孩子，另一方面也要注意自己的“严”透露出爱的信息，能让孩子正确理解。同时，就像那位教授一样，自己的优秀表现始终让自己在孩子心目中保留着威信和母爱。另外，也应注意到在美国基础教育的大环境是相对松弛的，这样孩子心理上就比较容易找到一个综合后的平衡点，而在中国如果从学校到家庭的环境都十分严紧，你就应观察和考虑孩子的心理承受力了。

第三步，在亲情良好发展、秩序健康稳定的基础上，追求家庭文化和生活品位的发展。人的发展，说到底是人与环境互动的作用。对于孩子来说，环境影响的作用是不可低估的，尤其是小时候家庭环境的影响。因此，家庭文化和生活品位是极其重要的。用一句话说，智慧的人生，魅力的家庭，首要的是做人的智慧，次之是做事的智慧。家长会做人，有品位，对孩子影响就好；同时，教育孩子理念正，方法对，有智慧，这样，孩子发展就顺利。因此，让自己的教育生活充满智慧，这样自己形象中魅力成分就增加了，教育孩子就轻松了。比如，我讲的“给孩子些中肯的建议”，这就是一种教育的智慧。它不是以“命令”的口气出现，而是以一种尊重的姿态，请已经有一些独立思考能力的孩子考虑自己的建议，这就体现了对孩子的信任，也是对孩子成长的肯定，更是对孩子学习尊重、学习民主的引导。它并不是更改父母与孩子的关系，而是准确认识父母主导地位之上的一种教育策略，只不过是想通过孩子自己的大脑去消化和吸收这些建议，这样有利于培养孩子的思维意识、主动意识和自律意识，让孩子高高兴兴去做他愿意做的事情，而这也正是父母希望他做的事情。

这样的做法，是促进孩子成长、锻炼孩子走向健康独立的教育方式，它不是把孩子当作附属自己的一部分，让孩子服服帖帖受自己大脑所指挥，而是通过我们的培养给孩子一个独立而可靠的大脑。这就是以人为本的教育，力促人的生命能力发展的教育。这是“建设的方法”之中的又一个方法：把“命令”改成“建议”，让孩子经过自己大脑思考后愉快地去做。

## 要启发孩子自己去思考

虽然传统教育告诉我们“棍棒底下出孝子”，但现在不灵了，差不多所有稍微懂事的孩子都懂得捍卫自己的合法权益。你不再打孩子，改为骂孩子，或者喋喋不休地数落孩子，虽然你的动机完全是为了孩子，可是孩子却不领情，甚至干脆用叛逆的态度来抵抗你。这时你怎么办？你能不能改变一下思路，不用“南拳北腿”，从孩子还小的时候就开始注意培养他们的思想方法？我认为，培养孩子会想，想的途径和方法科学，想的结果客观、全面、正确，这比硬塞给他们十个你认为正确的观念重要得多。我培养女儿也是这样做过来的，我的女儿并没有什么逆反。这是为什么呢？事后我总结：这实际上是殊途同归，首先我保证了自己思维的科学性，然后又培养孩子掌握了现代科学的思维方法。

女儿从小到大，我没有打过她，甚至没骂过她一次，可是，哪怕我仅仅是问她一个问题，有时候她都会眼含泪水。这又是为什么呢？这实际不是怕我，而是我启发她反思之后她发自内心的眼泪。我记得有一次因为她妈妈教训她的时候十分生气，无意中随口吐出一句“你给我滚，我不要你这样的女儿！”结果女儿竟毫不犹豫地走了，我赶紧叫妻子去追。这种行为是很严重的，很可能形成离家出走的习惯。她回来后，我就给她严肃地提出了三个问题：一是“在生活中是不是一家人最亲？”二是“今天是不是你错了，妈妈是一怒之下才骂了你？”三是“你毫不犹豫地就抛开你的父母走了，是不是你对父母的感情非常脆弱？”我让她自己好好想，想好了再找我谈。其实，我当时也很愤怒，并且很伤心，但我没有骂她。我们要善于启发孩子自己去思考，不要急着替孩子去下结论，而是让孩子自己去用正确的方法思考，自己去得出结论。

正确的教育，一定不是把孩子当作驯服工具来培养的，一定不是把孩子当作“标准件”来培养的，而是会尽全力精心培养一个独立而智慧的大脑。我使用的这种方法就叫作“建设的方法”，它不是从批判入手，也不用成天数落孩子，更不用去打孩子，而是在发现问题之后，向孩子提出启发性的问题。“建设的方法”显然效果比“批判的方法”要好。因为女儿自己认识得很好，很深刻，我听了她的反思之后只是做了一下强化，并没有长篇大论地批评她。

这是“建设的方法”之中的又一个方法：启发孩子自己去思考，去得出正确的结论。

## 家庭教育的“智慧之道”——思想方法的培养

我认为，培养孩子会想比知道重要，教会孩子一个好的思想方法，要比塞给孩子十个观点重要得多。传统教育喜欢灌输，给孩子一个大人懂得的道理，叫孩子先记住，说你大了就懂了。在我们的灌输下，孩子记住的观点越来越多，可是在今天孩子面对的问题也越来越多，许多观点与现实对不上号，于是产生了很多迷惑和似是而非的东西，这叫作思维混乱。因此，许多时候我们对孩子的行为不满意，孩子对我们也同样不满意，说我们落后了。为什么我们和孩子谈不到一起呢？其实，我们只要把孩子的思维能力培养好，教他掌握科学的思想方法，然后由他自己去想，他经过自己独立的思索，同样也可以得出正确的观点和道理。这样一来，孩子感觉我们很民主，他很舒服，很快乐，对自己也有信心。这样的教育效果不好吗？

我举个例子：有一个妈妈发现自己的儿子似乎有骄傲自满的倾向，因为他嘴里说出来的都是这个怎么怎么不行，那个怎么怎么不好，当然他的确很优秀，但也不应该眼里完全瞧不起别人啊！于是，妈妈就批评他骄傲，批评多了，儿子就顶撞起来了，说自己讲的都是实事求是的，怎么就骄傲了！妈妈没有办法了，因为她只会讲“虚心使人进步，骄傲使人落后”的话语，再讲不出另外的道理，所以儿子不服啊！我告诉她，你不要老批评他，你为什么不能教他思想方法呢？她没听过什么思想方法，更不懂得怎么操作。

我先教给她一个“立体思维法”，然后又教她一个“蜜蜂采花法”。告诉她先找机会教孩子第一个方法，这个方法针对性没有那么强，太针对他缺点他会关闭心窗的，以后起作用的会是第二个方法，要在表扬了孩子之后，为了帮助他发展得更好再介绍给他。

我现在讲一下什么是“蜜蜂采花法”，我当时是现身说法。我刚当校长时，为了管理好学校，主动走访了10位优秀校长，每学到了一个长处，就创造性地用在了自己的学校，结果使学校上升得非常快，发展得非常好。一次，我发现女儿进步得慢，就把这个方法介绍给了她，告诉她这叫作“蜜蜂采花法”，蜜蜂采百花之精华而酿出自己最好的蜜。别人所有的长处我们不用都学，那样反倒容易没了自己，我们只需要从每个优秀者身上学一个长处，学了10个人你就把10个优点集中到了自己的身上，你就做成了最好的自己。女儿有了这样的思想方法，受益匪浅，我现在把它奉献给大家。那位妈妈从我介绍的思想方法上豁然开朗，改变了自己老是批评的教育方法，变责备为培养，孩子从妈妈高明的学习建议上也收获了切实的帮助，亲子关系恢复如初。

希望大家理解思想方法培养的重要性，什么是思想方法培养，然后能够教给孩子一些好的、有用的思维角度、思维途径，让孩子有一个健康的、独立的、智慧的大脑，做成最好的自己。

思想方法的培养，可早可迟，视孩子个人情况而定，一般来说小学三年级一定要开始了，最迟初一必须进行了。思想方法的培养，就是在很好的气氛里，与孩子交谈、讨论，启发孩子悟到自己可以掌握的一个想问题的方向、角度和程序，以及下次还可以再用的思维方法。思想方法的培养开辟了一条育人新思路，但它不堵塞灌输的传统，我们只需要在灌输之后加上对体验的重视，一样有好的效果。

## 若想孩子学习好，培养情商更重要

许多家长重视孩子的学习，这是好的。但往往只重视孩子的分数，老是就分数抓分数，就学习抓学习，而且习惯于见子打子。其实，这样做效果不佳。更好的做法是：并不需要成天跟孩子唠叨学习，我们可以把培养目标藏在自己心里，使用“曲线育人”的策略，比如不从智力上直接下手，而是在培养孩子的情商上做文章。

实际情况也是如此，若想孩子学习好，培养情商更重要！现在有多少孩子是不聪明的？不少孩子学习不好，原因都是大人没有把孩子的情商培养好。我们看看到底什么是情商就明白了。所谓情商，是一个人走向成功的必备素养，一般指一个人的自我意识的健康状态、情感在学习和事业中的动力作用、对自己情绪的调控能力、自我激励的能力、人际交往和沟通的能力、对困难和挫折的承受能力。我们观察一下学习有困难、教育难度大的孩子就会发现，他们都是在情商上有培养的缺失，比如他们的自我意识形成得不好，太以自我为中心，任性，很少从别人的角度思考，对自己的欲望缺乏节制，对自己的行为缺乏克制，我行我素，无所畏惧；学习、创业都是需要激情的，但他们普遍没有正向的激情，有的往往是负向的激情；他们的情绪控制也不好，因情绪而闯祸的概率高；他们往往连同自己父母的关系都处不好，有些跟老师的关系也处不好，其中最重要的原因是他们普遍在沟通上都会出现障碍；他们在学习中往往表现出对待困难和挫折缺乏正确的态度。这些情商上的问题正是造成这些孩子学习发展滞后的重要原因。

孩子情商上的种种问题又是怎么生成的呢?

（1）孩子大约 1 岁时，自我意识的形成就已经开始，这时父母就应注意正确引导了，引导孩子正确地认识自我，正确地处理与外界其他人的关系，逐步养成对自我的抑制能力。这就是人们常说的人格的奠基。但由于父母在孩子形成自我意识的初始没有注重培养孩子的自我抑制能力，这就会使孩子变得非常自我、任性、霸道。家庭里面严重的溺爱氛围是造成孩子自我意识缺憾的重要原因!

（2）孩子自我抑制能力培养的缺失，是造成其他许多问题的“根”。比如人性的自私、博爱的缺失、情绪的失控等。

（3）由于早期没有培养好孩子生命的动力系统，比如爱别人的情感、学习的兴趣、学习快乐、主动的习惯等，这就会导致孩子学龄后学习发展不顺、滞后。

（4）由于我们没有从小培养好孩子的独立性，孩子已经习惯于对大人的依赖，在长期的依赖中孩子生命能力的成长就被极大抑制，当孩子长到一定岁数时他们的独立欲望就会膨胀起来，可是他们应当有的独立能力却没有，比如自己管理自己的能力、自我约束的能力、独立而健康的思维方法、通过学习达到自立的意识、自强的奋斗精神等，这导致孩子日后产生严重的逆反心理。

（5）由于我们没有重视从小培养孩子的意志品质，比如克服困难的勇气和能力、面对磨难和艰苦的斗志和毅力、人生必需的吃苦耐劳的精神和力量，意志的薄弱极大地影响孩子日后学习、做事的效果。

若想孩子学习好，培养情商更紧要！你趁着孩子小、听话、可塑性强，就一定要着力培养好孩子的情商。不要将培养情商与智育对立起来，两件事情相辅相成地做，我们是通过培养情商来促进孩子的学习。要注意引导孩子拥有宽广胸怀，不能仅仅装着自己，也要装下家人、装下乡亲、装下祖国同胞;不能仅仅思考自己那点事情、家庭那点事情，也要扩大胸怀去关心众人的事情、社会的事情、人民的事情、中国的事情、世界的事情。胸怀的培养特别重要，扩大胸怀是培养博爱、大爱，是培养立志、长志、行志。一般来说，胸怀有多大，舞台有多大，事业就有多大。培养胸怀的同时，我们也一定要培养孩子的意志品质，否则空有志气，最终也会一事无成。意志品质中最紧要的是践行的坚持力和吃苦耐劳的精神，没有这种品质，再伟大的抱负也是纸上谈兵，眼高手低。培养意志品质要将孩子本身的主动精神激发出来，不光是去参加磨炼活动可以锻炼意志，只要孩子自己有了主动精神，那么平时的学习生活中就是锻炼意志的空间。培养胸怀和锻炼意志是培养情商的重点，是帮助孩子形成生命的动力，也是形成学习的动力。我们一方面应注意情商的外延培养，另一方面应抓住重点进行培养。孩子的情商培养起来了，人生和学习的内动力就培养起来了；有了内动力，学习上其他相关智力因素的改善也就容易了。因此，我们抓孩子学习成绩的提高，更需要抓情商的培养。

## “阳光教育”三十方略

父母要以阳光的心态来培育孩子阳光的心态，让孩子身上的阳光发扬光大来战胜自己的不足，学做阳光的父母，带出阳光的孩子。

好的家庭教育，不仅需要有健康的家教理念，而且需要有正确的方式方法。因此，重视家庭教育的家长朋友，都会从这两方面加强自觉、主动、大量、系统的学习，通过学习全面提高自身的素养，提高自己教育的威信。

### 1. 以身立教，家风育人

把家庭教育讲得简约一点，就是一靠家长的表率，二靠家风。一些家长老看人家的孩子教起来那么容易，怎么自己的孩子教起来这么难，于是就埋怨孩子，但他们却没有对自己的中肯反思。其实，原因往往在自己身上，自己的表率出了问题，家庭里的文化氛围出了问题。很多时候家长在结婚后没有好好学习科学育人的家教知识，缺乏教育的准备，因此在早期常常一不留神就给孩子染上了一个毛病，这样家庭教育就变成了改造孩子的行为，当然就增加了教育的难度。孩子是在对家庭育人环境的适应中成长的，孩子是天生善于模仿的小精灵，孩子长成什么样就折射出父母是什么样，所以我才讲孩子是父母的一面镜子。这就是父母需要模范表率、以身立教的必要，这就是良好家风建设的必要。

有一个孩子小小年纪就学会了吸烟，课间时分躲在厕所里偷偷抽烟，被老师抓了个正着。老师一个电话打回家，当天晚上家里就发生了一场风波。孩子母亲责怪父亲："都是因为你，每天两包烟，叫你戒你又不戒，看看，这回儿子像你了！"儿子也跟着说："你要戒了，我就不抽了！"父亲被逼得没有法子，只好下决心在孩子面前绝对不抽烟。难啊！那段时间他的手老插在裤兜里，拿手摸着裤袋里的那包烟，也算是慰藉。一段时间后，儿子有了新发现，找父亲谈话："老爸，你每天晚上躲在阳台那阴暗的角落里，你当我不知道你在干什么吗？"其实，是父亲忍不住的时候，就站到外面将一支未点着的烟放在鼻子下面，闻一闻也算过了一把瘾。就这样，这位父亲愣是为了儿子把戒烟坚持下来了。班主任的电话又打到家里，这回是报喜："你们儿子把烟给戒了！"这个案例非常典型，它告诉我们：父母长辈都应当为孩子做好榜样，身教胜于言教，注重以身作则，率先垂范；注重家风建设，生活教育。这是家庭教育举重若轻之道。

2. 立足建设，培养在先

有两种对立的家庭教育，一种是把好端端的爱变成了无原则的溺爱，把好端端的孩子变成了毛病缠身的改造对象，把原本好端端的家庭教育变成了整天大批判的阴霾战场，这是破坏性的家庭教育；另一种则是实施有原则的真爱教育，把自己的家庭教育立足于学习在前、培养在前、防微杜渐在前，把自己的家庭教育做成亲子间幸福的生命互动，做成一步一步扎扎实实的生命奠基，做成爱心守望、精心呵护的"种子"发育成长的生命历程，这是建设性的家庭教育。请各位家长明智选择。

建设性家庭教育中提出的"阳光教育"策略，其主张就是立足建设、培养在前，就是不愿看着家长们老走弯路，老做"亡羊补牢"的事情，老是两眼一抹黑去做违反规律的事情。有一个家庭，原本孩子可以上地段内一所很好的初中，但父母主观地把他送去一所远远的寄宿制学校，所谓的"贵族学校"。儿子在学校做出了一件惊天动地的事情，当夫妻俩接到学校通知让他们接回儿子时一脸茫然：他们在最不该疏远孩子的阶段推远了自己的孩子，孩子在完全不理解的心境中用严重的错误来惩罚他们！接回孩子后，这个家庭也是陷入充满阴霾和战火的破坏性教育之中，孩子生命的走向完全拐了一个大弯。

选择，在家庭教育里面太紧要了！选择一种什么样的教育思路，决定着成功与失败。我真诚地希望，家长们一定要规避自己陷入整天批评、纠正孩子的非良性教育，把自己家庭教育的重点放在对孩子的全面培养上，切忌一不留神就在孩子身上先养成了一个毛病，然后又来改造孩子。我们在家庭教育中需要“立”字（建设、培养）当头，而不要“破”字（批判、改造）当头。

### 3. 因材施教，因势利导

人是分类型的，天生如此。因此，我们必须根据孩子本身的特质来培养他们，而切忌主观培养；我们必须依照孩子的身心特点和发展势头，向着对他们根本利益、长远利益负责的方向引导他们，着力在综合发展的基础上突显自己的优势。

有些家长不理解人为什么是分类型的，他们强令自己的孩子一定要做学霸，一定要做多才多艺的人，某一样特长一定要发展成职业专长等，不一而足。中国自古以来有一种很好的说法，三百六十行，行行出状元。其实，客观来说，人们的确不需要让孩子都去挤一条独木桥，完全可以有自己个性化的选择，按照自己的兴趣和优势去发展自己，去争取属于自己的梦想。一花独秀不是春，百花齐放春满园。但是，中国的家长喜欢从众。美国哈佛大学霍华德·加德纳教授建立的多元智能理论，第一次提出人类实际上具有八种智能，这八种智能分别是：语言智能、逻辑数理智能、空间智能、运动智能、音乐智能、人际交往智能、内省智能、自然观察智能。人们会在其中的一两样上形成自己侧重的优势。多元智能理论从现代科研的角度，客观地说明了为什么孩子是有类型的。因此，我们的教育必须尊重孩子的客观潜在优势，因材施教，因势利导，让孩子各展其长，各得其所。

许多现代科研成果都在引导着、支撑着我们对孩子因材施教、因势利导，这才是一条充满阳光的育人发展之路。家长应该敏感地关心、学习和掌握现代科研成果，来改善自己的家庭教育。比如关于基因检测在疾病预防或因材施教上的应用，我们就可以抱着谨慎、尝试的科学态度接触它，既不盲目拒绝，也不盲目迷信。因为一切新的东西都在发展中。我们只能为我所用，趋利而用。

### 4. 不拘一格，长善救失

这个方略是衔接“因材施教”方略具体化的一种延展。

我们对孩子的培养一定要不拘一格，不能统一一个标准。比如，对某些孩子成长中的枝节问题、个性中的非根本利害的表现，就不要计较太多，不要苛求，而应当抓大放小；不要老盯着孩子身上的问题去直接做教育，发现了问题可以把它当作自己教育的任务留在心里，用“阳光教育”的思路去想：我应该做哪些正面培养的事情，让孩子可以通过增长优点达到克服缺点？

以阳光的心态培养孩子，让孩子身上的阳光发扬光大来战胜自己的不足，学做阳光的父母带出阳光的孩子。就是说，你作为孩子的亲人，不能动不动就发火动怒，这往往是一种负能量的情绪，你把负能量倾泄在孩子身上，对孩子的影响也不好，慢慢孩子也养成你那种脾气，你也不会喜欢吧？因此，我们要用自己阳光的心态来培育孩子阳光的心态。孩子像一棵小树，当它的树冠上洒满阳光，它的阴影会变得很小。“阳光教育”就是这样一种道理，你努力培养孩子身上的光明面，光明面大起来，阴暗面就缩小了。这就是“长善救失”，这是提倡我们家庭教育工作的重心要放在大力培养孩子的优点、优势上，而不要眼睛里都是阴暗面。“阳光教育”的实质就在这里，重大的意义就在这里。“阳光教育”有一条重要的教育途径，就是需要父母用自己正能量的榜样来带动孩子释放出生命的正能量，这就是阳光的父母带出阳光的孩子。

### 5. 平等交往，心平气和

本来按照中国的传统，亲子关系绝对是领导和被领导的上下级关系，现在为什么又提倡父母要和孩子交朋友呢？因为这个说法，惹怒了一些讲传统文化的人，批判这一说法坏了伦常。其实，这一说法只是提出一个教育策略，而且这一教育策略正在被越来越多的老师和家长所接受和采用，比如班主任用它和学生们打成一片，并没有影响他们的教育权威，反倒是增加了他们的“粉丝”；家长用它和孩子相处得越好，越亲密，孩子闹逆反的程度越发“矮化”，孩子的成长越发顺利。传统教育靠威严和慈祥，靠灌输，靠养成，把孩子训练得达标；现代教育完全靠这个行不通，整个社会环境日益走向民主，孩子也跟自己的过往大不一样，因此教育的策略发生变化是可以理解的。

传统中好的当然要继承，现代中好的也不该拒绝。比如，传统中严父和慈母两种角色的搭档组合，就应该继承，哪怕严慈角色发生变化，这两种角色也不能缺位，现在中国家庭教育中一个大问题就是父亲缺位。而我们今天借鉴来的“交朋友”之说，只要我们注意处理好教育的度，执行起来就不会走偏。你一定要认识到我们不是要改变父子（或母子）关系，而是蹲下来换成孩子的视野看问题，形成一种人格上的平等，达到真正的尊重，与孩子像朋友一样相处、交往，进一步亲密彼此关系；不陷入最糟糕的情绪化的教育，学会控制自己的情绪，大多数时候做到心平气和做教育。

为什么一定要蹲下来？仅仅要求自己身体蹲下来吗？重要的是理解孩子看问题的角度、视野是和我们大人不同的，母亲们逛商场时盯着漂亮的服装，孩子在人潮涌动的商场里看到的是大人们的腿。而我们常常不理解孩子，当孩子会讲出自己的道理时，因为和我们的道理不同，我们依然责备他们，就是没学会心平气和地理解孩子的思维。因此，“阳光教育”特别推崇平等交往这一教育的方略。

## 6. 竹节策略，成功实践

所谓“竹节策略”，是一种教育的态度、方略和途径，它是我针对不少家长对孩子着急、苛求的态度，还有拔苗助长的做法提出来的。

大家都知道，竹子是一节一节长高的，孩子也需要一个阶段一个阶段地成长起来，我们着急不得。我们可以模仿着竹子的生长，在每一步成长的关节处和孩子约定一个经过努力可以实现的目标，然后帮助孩子努力去实现自己的目标，这就是“竹节策略”；用孩子自己努力获得的一个个小成功，牵引着他们不断进步，走向大成功，这就是“成功实践”。这是一个理解了、实行了，就可以看到好效果的教育策略，是被许多家长接受和赞誉的好方法。

对“竹节策略”我们着重需要理解以下几点。

（1）为什么对孩子不能着急呢？

孩子的成长是一个长过程。孩子要经过十月怀胎，一朝分娩。出生之后18年才成年。按照中国人的习惯，成年了我们还不放心，恐怕一定要等考上大学，才初步放手。我们应该都明白孩子的成长过程的确很长，因此不用太着急，培养孩子是个慢活计。

孩子是按照阶段成长的。大致3岁以前是一个阶段，上了幼儿园是一个阶段，上了小学又是一个阶段……我们说孩子的成长是有“季节”的，你一定要按照“什么季节做什么活”来培养孩子，你不能跨越“季节”（当然，也不能延误“季节”），因此还真是着急不得！

孩子都是独一无二的。现在一些父母已经有了两个孩子，原以为第一个没经验，因此没培养好，心想第二个一定能够培养好，结果发现不是那么回事。每一个孩子都是独一无二的，你还得重新研究第二个孩子的特性，不可能像把孩子放到生产流水线上高效率“复制”出来！

因此，对孩子你不能着急，不必着急，不要着急，要着急情愿对自己的再成长着急一些！

（2）为什么对孩子不能苛求？

每一个孩子有每一个孩子的身心特点、潜在优势、成长快慢。

我们中国家长一般喜欢从众，喜欢拿自己的孩子同人家的攀比。比如，现在培养孩子的特长越来越向“多才多艺”的方向发展。我要对家长朋友讲真话，其实人是分类型的，不是所有的孩子都可以发展为“多才多艺”型的。教育培养贵在给孩子“扬长”，家庭教育应该发现孩子潜在的优势智能，培养孩子形成自己的“优势智能组合”（在平衡发展的基础上形成自己的优势）。因此，你不可按照自己的主观标准苛求孩子，而只能因材施教，因势利导，扬人所长。这个社会用人，其实也是用人所长。我们做教育，主要是育“种子”破土、发芽，这是底线要求；至于底线之上，能长多高、多壮、多有价值，主要靠孩子自己的奋斗，我们只能创造条件，给予帮助，孩子的成功不是靠苛求来的，而是要问自己：孩子的内因你培养得怎样？所以，高标准更应该放在自己身上。

（3）为什么给孩子的目标是“跳一跳够得到”？

家庭教育的责任是帮助孩子树立理想、目标，然后诚心诚意帮助孩子实现自己定的目标。人贵在说到做到不放空炮，这是做人的志气、骨气。我们要在精神上支持、意志上支撑、方法上指导，总之，千方百计引导孩子克服困难，战胜自己，达到目标。目标“跳一跳够得到”，是指目标要定得适当，要保护孩子的积极性，有利于孩子再接再厉。培养孩子进入努力奋斗、不怕困难、百折不挠、再接再厉的生命状态，这才是我们培养孩子真正要达到的教育目标。让孩子通过自己的努力实现教育成功的全部奥秘，就是我们发挥目标激励和牵引的作用，调动了孩子的积极性。

（4）目标达成之后怎么做？如果是接近目标又该怎么做？

评价孩子当然要看目标的实现，但更要看孩子努力的程度。孩子目标达成，我们一定要充分肯定，给予表彰，更重要的是和孩子一起总结经验，以利再战；孩子如果非常努力，但因为一些客观原因未能达成而是接近目标，孩子非常难过的情况下，我们应该给予肯定、鼓励（不是表扬，更不是表彰），并帮助孩子认真地总结经验教训，以利再战，千万不要批评！如果孩子是因为努力不够，因而没达成目标，这是需要有效批评的，而且一定要引导孩子认真自我批评，以利于改过自新；之后，我们也要认真反思，是不是自己帮助、培养不够，下一步应该怎么做得更好。

（5）为什么成功可以作为成长之母？

培养孩子追求成功和培养孩子走向功利主义不是一个概念，我们把成功作为孩子的成长之母，这是利用和培养人本来就有的成功欲、成就感，调动孩子积极向上的积极性，并不是引导孩子钻进功利的牛角尖。在孩子的成长中培养好他们的内因是第一位的基础性工作，因此我们应该千方百计想办法。过去常说“失败是成功之母”，那是辩证的说法。孩子的成长中失误在所难免，我们应该用好这句话。然而，我们也不能让孩子永远做一个失败者，所以我很早就提出成功也可以成为孩子的成长之母，指出这是引导孩子走一条成功实践的道路，这里有教育的智慧，即用孩子的小成功激励孩子，带动孩子的热情，培养孩子成为懂得走向成功的人。孩子有了成功欲、成就感，也就有了自己的主观能动性，并且在实践中积累争取成功的内心体验和自身能力，因此，他们可以依靠一步一步的小成功、小进步，扎扎实实地走向更大的成功和进步。这是一条非常好的成长之路，育人之路。

### 7. 训练“小兵”，悦纳他律

培养孩子，第一步是先把孩子培养成一个好“小兵”，懂规矩、会节制、守秩序，这是由接受他律（被管理）发展到习惯他律，进入自然状态，这一步大概是在 3 岁前争取达成，这是一步重要的奠基，做不到、做不好，后面就很难教了；第二步就是还要提高孩子，教给他们懂得道理，或体验道理，成为服道理的人，进而收获道德快感，进入愉悦他律的状态。这是将来孩子走向第三步“学习自律”的基础。

有些家长刚开始只知道他律和自律，不懂得在他律和自律之间还需要有愉悦他律这么一个过程，要努力把孩子培养成拜服道理的人，哪怕孩子刚开始不听话，也要跟他讲道理，他理解了道理就会改，就可以知善即行，而且他在我们的培养之下，逐渐有了道德快感，哪怕周围孩子都不知道这么做，但是他知道应该这么做，他也会十分高兴地这么去做，做了之后很自豪，很自信，自得其乐。

这个方略重点就是教各位家长怎么培养孩子达到悦纳他律。

### 8. 守诺约定，“小鬼当家”

孩子进入幼儿园后，在懂得一些道理的基础上，父母可以开始和孩子做一些商量约定的锻炼，但是要同时进行遵守信诺品质的培养。在这方面父母长辈都要做好表率，说到就做到，做不到就不说；该做的，就应积极培育条件，逐步达到可做可说。孩子进入小学后，视情况应逐渐增多给他们尝试“小鬼当家”的锻炼。孩子都是在锻炼中成长的，我们要支持孩子主动锻炼的意愿，在锻炼中培养。

对孩子的民主教育，不是可以一步到位的。在孩子尚不能做好他律、自律的情况下，在孩子尚不懂得什么道理的情况下，你大开民主之门，势必把孩子培养成过分自我、任性的人，往下你就很难管教了。商量约定、“小鬼当家”，正是民主教育中重要的一个逐步培养的过程。

### 9. 时空“留白”，自我培养

我们不要把孩子的时间空间安排得满满的，一定要给孩子留出可以自己安排自己、可以静心大脑活动（思维）的时间和空间，这才有利于他们自主成长的发展，这就是教育上的“留白”。“留白”是为了锻炼和培养孩子学会自己培养自己。孩子学会了自己培养自己，“起跑线”就在他们脚下出现。

有一个小朋友刚刚上小学一年级下学期，原来他妈妈总是把他的时间安排得满满的，孩子越来越被动。这位妈妈在跟我学习中掌握了这个“留白”

的方法，从网上买回了彩色的作息时间安排表，上面还有可爱的卡通形象，孩子可喜欢了。妈妈就教他先学着安排半天的作息活动，结果孩子自己也安排得很好，而且执行得也很好。接着，妈妈又放手给他锻炼着安排一天、一天半……妈妈反映孩子在“留白”中变得更积极、主动了。在孩子的成长中，一定要让他学会珍爱生命、珍惜时间，学会合理计划时间，既学会不浪费光阴，也学会劳逸结合。

### 10. 好书育人，“借人阅读”

我们一定要高度重视培养孩子热爱阅读。对孩子学习的培养就开始于他们爱听故事，然后我们逐步将他们领上一条好读书、读好书、读书好的道路，成为一个终身爱学习的人。阅读，不仅是读书，还可以行万里路阅读生活，还可以引导孩子接触、走近各类成功者，阅读人生范例，近朱者赤，你想孩子或孩子想自己成为什么样的人，你就可以提前安排“借人阅读”。

有一次我到少年宫去讲学，我后脚到，前脚走的是我一个学生。人家请他是因为他创业很成功，请他的是一个读书社，这就是“借人阅读”，“读”他的是一群孩子，孩子们送走老师后，脸上依然洋溢着兴奋和激情，我估计读书社组织的这堂课是非常成功的。我问了几个孩子的心得，证实了我的判断。

### 11. 学会太极，上善若水

不要跟孩子“南拳对北腿”，要向太极拳学习，要向水学习，学习教育的智慧、爱的智慧，用讲究的方法来解决孩子的教育问题。

有一个朋友，他曾经有一段时间对小孩批评太多，他还说孩子不自信，我心里想还不是因为你成天数落出来的。有一天我给他介绍了自己的“阳光教育”，告诉他教育特别讲究辩证哲学，很多时候你老盯着孩子的缺点，问题还不见得解决。我们不妨换个思路，去发现孩子的亮点，奋力去培养和扩大孩子的阳光面，结果阳光升上来，阴暗面倒淡化掉了。我让他试试这个“阳光教育”思路，不久后他就向我反馈他发现孩子很喜欢做手工，而且做得不错，我就鼓励他在这个点上培养孩子。再不久，他又喜形于色地告诉我，孩子越来越自信了，现在整个学习状态都积极自觉了。大家看，这是不是像我说的，爱的智慧特别紧要，一个方法、一个思路用了三回效果不佳，就要赶紧换套路了！

### 12. 立体思维，价值选择

拿一组“三维线”来讲好立体思维，每条线代表一个思维角度，分别是“是非线”“利弊线”“高下（水平）线”，判断问题必须经过这三个思维角度，让自己的思维更加周全，思维程序更加科学，思维结果更加中肯、正确。在立体思维的基础上再进行价值判断，可以提高自己的选择力。

有一次，一位妈妈打电话进来，告诉我她儿子一回家就哭，非常伤心，连晚饭都没吃，求我帮她解决一下。我问她发生了什么事情？她讲述了下午儿子遭遇的事情：她儿子是班上的纪律委员，自习堂他去管一个同学，那个同学不服，两个人吵了起来，最后还动了手。班主任从办公室跑到教室，批评了他们，这回轮到她儿子不服了，心想：是你让我管纪律的，怎么还批评我？当这位妈妈领着儿子坐到我面前的时候，我没有马上跟他谈这个事情，而是跟他东拉西扯地谈了些闲话，我想他当时心里一定很奇怪。然后，我才一转问了他这么个问题：“你们老师教过你思想方法吗？”他不知道思想方法是什么，这时我就指着墙角说：“你发现那里有三条线吗？”在我的启发下，他看到了三条线。我告诉他：“这三条线代表了一个三维立体结构，可用来表示一个现代的立体思维法，比如我们可以把横向线叫作‘是非线’，纵向线叫作‘利弊线’，垂立线叫作‘高下线（或水平线）’，这每一条线代表着一个思考问题的角度。现在我们一起从这三个角度来分析一下你今天下午经历的事情好吗？首先我们从是非的角度做个分析吧。”讲到这里，他立即理直气壮地说：“那个同学违反了纪律，我去管他，我当然是对的。”我肯定了他的分析，接着问他：“你把纪律管好了？教室安静下来了？”他不好意思地说没有，我就逗他说：“那看起来不大有利喽！那么，我们再从第三个角度看看，你去制止那个同学时考虑了他的性格了吗？是不是选用了适合他的工作方法？”他没有回答我，我也没有让他回答，就这样让他回家了。他妈妈说第二天他就找班主任做了检讨。由此可见，培养孩子思想方法的重要性。

### 13. 巧防“未病”，综合施治

教育需要防患未然，我们借鉴别人的经历、间接经验，通过提前主动学习家庭教育知识，可以预防性地提前对孩子做些有针对的培养，这样，让孩子顺利度过下面某个时段，不犯同类错误或减少出现的次数，这是巧防“未病”；孩子某个问题的产生，往往原因不是单一的，因此，我们解决问题时需要从多方面采取培养和管理措施，这是“综合施治”。

下面就我们应该注意预防的一些突出的“未病”提醒大家，希望能学习在前、培养在前。

（1）小学阶段才发现的严重注意力问题，是因为前期没有注意孩子注意力品质的培养，需要提前在孩子出生前学习相关知识，在孩子出生后全面重视孩子注意力的形成和保护。

（2）小孩 3 岁后出现的任性、霸道、自私、无理等严重表现，是因为我们没有重视早期给孩子立规矩，没有认识到人性发展的第一步恰恰是帮孩子建立节制的意识，自由的实现之始恰恰是培养孩子有所敬畏、尊重秩序、接受他律。父母这些认识的形成和建立都需要我们远在没有成立家庭前的学习，早期教育科学育人的方法也需要我们在孩子出生前的学习，这样，我们才可能把握住早期教育的真谛。

（3）孩子在进入小学后表现出不爱学习，迷恋于玩耍、看电视、玩网游和智能手机，是因为父母在早期教育到学前教育中的失误，因此我们需要提前学习甚至改变自己，了解和掌握孩子学习品质培养的重要性、方法和途径，以及培养中养成与知识、快乐与刻苦、能力与勤奋、主动与心态、动力与方法等关系，这才有利于自己对孩子学习成长的全面培养。

（4）孩子在青春期到来后容易出现“青春期遇上更年期”的问题，是因为父母往往对孩子独立性的成长缺乏正确的认识、引导和培养，并且自身也存在着一些问题，所以也需要我们提前学习相关知识，加强自己的修养，这才有利于孩子的独立性健康而顺利发展。

## 14. 发现“火种”，启动内因

对一些后进的孩子，我们应善于发现他们内心蒙尘的“火种”，千方百计点燃它。这所谓“火种”，实际上就是孩子本身的内因——他们可以激发出积极上进的动力。其实，所有孩子都需要家长培养内因，内因启动得越早，教育难度越小。我们家长需要学习培养内因的方法，重视早期教育中孩子内动力的培养和启动。我介绍一个在早期比较适合的培养方法——四个衔接培养：①衔接孩子的适应能力来培养。②衔接孩子的模仿能力来培养。③衔接孩子的玩耍来培养。④衔接孩子的主动学习来培养。（详见本书第 15 页《早期的衔接性培养》）

## 15. 燃烧能量，生命互动

家庭教育有一条规律就是亲子之间生命的互动，互动得越好，家庭教育的效果越好。家庭教育培养孩子，一是培养方向，二是培养生命的状态。父母需要燃烧自己生命的能量，就是以一种最佳的、饱满的、热情的（甚至激情的）状态，来带动自己孩子的状态。孩子出生引发了父母的再成长，父母再成长做得越好，孩子成长得越好。阳光教育需要父母以阳光向上的状态带出孩子同样的生命状态。

我见过这样一些家长，他们的生命状态极好，对孩子的带动和因为孩子而生出的自己的学习状态都很好。一次上课之后，一对父子前来咨询，他们特懂礼貌，先是见这位父亲90度鞠躬，儿子跟着90度鞠躬，区别于其他家长和孩子。聊过之后得知，这儿子去读过国学经典班，父亲是跟儿子学习也这样行礼的。还有一对父母，父亲所在的车友群发动抗旱中的支教活动，父亲回来跟母亲一讲，说想带孩子去，母亲马上支持，买了几箱矿泉水塞进车后箱，第二天这对父母就带上孩子上路了。另有一位父亲每天带着儿子骑车锻炼身体，雷打不动，风雨无阻。这些形象都让我印象深刻，终身难忘。

### 16. 向前衔接培养，向后铺垫培养

孩子出生会带出许多天生的素质和潜能，我们要善于敏感地发现，然后会衔接着它们做延展培养，这就是向前（已经有的素质、智能“苗头”、闪光点）衔接培养。比如孩子6岁前，你发现孩子的兴趣、特点，就要及时、科学地给予培养；孩子学会说话，开始爱听故事了，你就要想到学习品质的培养应该着手开始了。

教育需要“为了明天，做好今天”。我们必须为了孩子下一步有更好、更顺利的发展，做好满足明天需要而必须在今天就做好的某些准备性培养，这就是向后（未来发生的需要）铺垫培养。比如孩子进入小学，你需要衔接孩子以前好的养成继续强化给孩子的养成教育；孩子适应了小学的学习生活之后，你就要想到为了孩子的可持续发展需要做好铺垫性培养；孩子到了小学高年级，你就需要在教育培养中融入针对初中可能发生的情况该做的预防性工作。

总之，家长一定要学会向前的衔接培养和向后的铺垫培养。

## 17. 起始入轨，事半功倍

注意孩子发生的每一行为的第一回，我们的培养工作一定要争取将其带入好的轨道（好的养成），这样我们的家庭教育才可能事半功倍。

比如，孩子一出生，他们的作息是第一回的生活行为，你要重视，应该想办法把孩子带入比较正常的、有规律的睡眠习惯，形成适合大自然、适合大人健康生活和工作的生物钟；你带孩子出去，那时孩子已经会说话了，你们见到人，这是孩子需要形成礼貌习惯的第一回，你应该带着孩子学着打招呼；孩子第一回做家庭作业，你要立规矩，让他养成好的学习习惯；孩子第一回在外面想解手，你要想办法往附近的厕所带，不要领着孩子养成随地大小便的不良习惯……总之，孩子的第一回非常重要。

## 18. 少小立志，夸父追日

我们一定要重视理想教育，不要怕孩子的理想变来变去，孩子理想的定型是一个长期的由变到不变的过程，关键是孩子每一阶段上都要有追求的目标，都要有前进的动力。中华传统教育一贯注重孩子从小立志，立大志气。志向是在孩子前方吸引他们的动力，比其他任何压力转化过来的外在动力都好，是内在的，自觉的，主动的，如同夸父要去追日，即便跑得汗流浃背，也是心甘情愿。

有理想、有追求对一个人来说太重要了。有一次一位妈妈打电话进来，说头一天接女儿放学，女儿告诉她自己的班被老师留堂了，同学们都不好好学英语，但她是一定要学好英语的，她将来是要留学的！妈妈听了女儿的话，眼都大了，两口子都是工薪阶层，从来没敢有这个规划，女儿自己讲出来了，妈妈爸爸既不敢否定，也不敢支持，纠结起来，就打电话给我。我告诉这个妈妈，孩子为了想留学而努力学习英语，这是孩子学习的动力，我们要支持。孩子有理想、有追求比没有好。孩子现在还小，不了解家里的经济条件。我们可以引导孩子跟爸爸妈妈一起奋斗，为实现愿望而努力，激励孩子培养自己有获得奖学金的能力，有劳动挣钱的能力，这样孩子会更加努力，千万不要毁掉孩子的一份好的梦想。这个家庭采纳了我的建议，保护了孩子天真的理想，结果一直发展得很好，孩子有志气，肯奋斗，而且果真实现了自己的愿望。因此，我们都应该注意培养孩子为志气而奋斗的精气神。

### 19. 结伴学习，合作共赢

孩子结交一个好的学伴，两个人互相帮助，互相鼓励，互相竞赛，合作共赢，又加深了友情，这是阳光教育特别提倡的快乐学习方式。

我把这个学习方式介绍给家长们，有一位爸爸深受启发。他想到自己的儿子有一个朋友，经常到家里来，但两个人仅是玩伴，能不能想办法叫他们成为学伴呢？他不敢跟儿子讲，就跟那个同学委婉地提了这个想法，没想到人家真答应了，而且从此就常常跟儿子在一起学习，有时候就睡在家里、吃在家里了。不多久，儿子的成绩果真就进步了。这个爸爸觉得这个方法很好。我想大家也不妨一试。

### 20. 帮助他人，升华自己

帮助别人不会造成自己落后，反而是通过帮助他人而带来了自己内心的快乐，升华了自己的道德境界，提高了自己的能力，反过来促进了自己的再提高。

我一直忘不了这样一个典型的例子：在一所热门学校里有这样一个学生，有一天一个同学想问他一道数学题，问他第一遍时，他仿佛没听见，再问，他白了同学一眼，那位同学问了第三遍，他竟然抛出如此一句话："我凭什么告诉你？告诉你，你超过了我怎么办？"

帮助了他人，他人果真就会超过你吗？我这一辈子都在帮助他人，可感到帮助他人越多，自己获得升华的机会越多。在同样的中学时代，我自己某学科的进步，的确就仰仗于一位同学的帮助。这是一位土里土气、牛高马大的同学，他刚调进班里时同学们都瞧不起他，没有人愿意跟他同桌。班主任就把他安排给了我，让我觉得丢了脸面，可没想到我是拣了个宝。清楚了他的价值是在段考之后，那时流行老师在班上读分数，当读出他的语文 98 分、数学 120 分时，全班“轰”地一声！这就是说，语文他仅仅失了 2 分，而数学他竟是满分！我顿时对他佩服得五体投地，一下课就对他说：“兄弟，以后数学你一定要多帮助我了，那作文我可以帮助你！”这最后一句完全是给自己心理的一种平衡，因为我作文确实很有自信，在学校里被师生们看作是“小作家”，可人家也不差啊！他听了我的话，也不跟我较真，倒是爽快地应承下来说：“那以后放学后你就到我家一起做作业吧！”原来他跟我就住在同一条街道上。从此，我们就成了形影不离的学友。潜移默化的影响，让我的数学成绩直线上升，可我还是超不过他。然而，我在人格上发生了大的变化，他人帮助了我，从此我也开始很自然地去帮助他人了。

不久，我们这种双人合作学习的方式，就发展为小组合作学习的方式。每到考试前，我们都是一起复习。这种合作复习的方式，效果非常好。一道题目，你讲一遍，大家听，大家补充完善；然后换一个人讲，又是大家听，大家补充完善。几个人都是互相帮助的，每一个人都在扬长，每一个人都在吸纳，大家都在进步，强者更强，弱者变强，没见到哪一个同学因为帮助他人而自己落后下来。我们这种学习方式很快被老师发现了，在全班同学面前表扬和提倡了我们这种“兵教兵”的学习方法。于是，我在成功的体验中，一直把帮助他人同时吸纳他人这种发展自己的习惯发扬到大学，发扬到今天。

无论怎么说，帮助他人都是这个世界上一朵美丽的玫瑰，即便你遇到的那个需要帮助的人是一个不懂得感恩的人，但只要你的内心只装着奉献，并不是想索取什么，也不怕失去什么，你就始终会收获最大的回报——家园的美丽和心田的馨香。

## 21. 堤内不行，堤外弥补

家庭教育也要善于借助外力，有些培养工作在家里自己没办法解决，可以在外面找适合的教育力量帮助自己达到培养孩子的目标。但是，我们不能推卸自己家庭教育的主要责任。

一天有一个遥远的外地电话咨询，正好涉及借助外力的问题。我跟他讲了解决孩子存在的问题可以考虑五个“借力”。一是依靠班主任的作用，班主任可能办法多，孩子也听班主任的，那我们就多跟班主任合作一起来做孩子的工作，班主任也会给我们一些中肯的建议。二是有时候孩子对某个科任老师特别喜欢，特别听这个老师的话，我们不妨依靠一下这个老师的影响力。三是可以借助一些体验活动，比如一些教育机构组织的某个主题的活动，我们可以考察一下，如果适合解决自己孩子的问题，就可以动员孩子去参加，让体验教育发挥作用。四是有些孩子的身边有可以发挥正向影响力的学友，我们可以委托孩子的这个朋友起些好的作用，发挥友谊的正向作用带动自己的孩子走向进步。

当然，借助外力不等于推卸自己的责任，我们什么时候都不能放弃自己的孩子，争取保持好与孩子的沟通。同时，我们还可以借助一些好的教育理念、有效的教育方法，来改变或调整一下自己，这是第五个“借力”。

## 22. 说教不行，体验弥补

我们不能完全排斥说服教育和灌输道理，但也应承认有时对孩子一味说教也是不行的，这时有一个好方法叫“体验”，就是要给孩子创造条件接触、参与实践活动，通过实际生活达到获得切身体验，让孩子明白道理。

有一个典型的例子。一位妈妈平时怎么说也无法令孩子再用功一些，反而被孩子埋怨自己唠叨。我建议她可以创造机会让孩子去体验，有一次她要去人才招聘市场采访，就顺便带上了孩子，让他也学着采访。孩子和她在人才市场整整待了一天，中午就一人吃了一盒快餐。到下午 5 点的时候，孩子发现有一个女孩已经有三家公司约了她进一步面试，可是另一个小伙子没有任何一家公司约他。孩子跟了他们一天，观察到那个女孩形象好，又化了淡妆，穿着也得体，人家问她什么她都能对答如流，人又懂礼貌，普通话又好。心想，如果自己是老板也会选她！另外那个小伙子，胆子小，讲话磕磕巴巴，一副畏畏缩缩的样子，人家怎么会要他呢？孩子第二天交给妈妈一篇作文，把自己观察到的情况写到作文里，最后还写到："原来我总是想自己考上一所大学肯定是没有问题的，但是看来光考上还不行，大家都是本科毕业，可为什么差距这么大呢？所以关键还是要看自己学得怎么样！"这次体验之后，孩子变了，自己用功起来，过去妈妈讲多少都没用的期望，这次看到了。

## 23. 生命教育，方法育人

教育就是一个培养人的生命意识和生命力的活动，依靠具体培养孩子的适应力、应变力、坚持力来提高他们的生存力，培养孩子的学习力、自省力达到提升他们的自我发展力，通过这样的过程来对孩子进行生命教育，升华孩子生命的品质。

生命教育是 1968 年由美国学者唐纳•华特士首先提出并实践起来的，后来在全球范围内得到了迅速发展。生命教育不仅可以避免自我伤害或伤害他人生命行为的发生，有安全教育上的意义，而且可以使人深刻认识生命的意义，更加珍惜生命，养成关怀他人，关怀一切生命，关怀人类生存、生活环境的情操，达成自我实现与人类关怀的目标。

为了启发大家的具体思路，我列出可实施的四个方面。

（1）帮助孩子全面地认知生命，达到不仅珍爱自己的生命，而且珍爱亲人的生命、他人的生命，直至一切生命，学会保护生命，树立安全意识，规避暴力倾向。

（2）帮助孩子认识周遭环境、自然环境、城市环境对自身及人类的影响，树立卫生意识、环保意识、文明意识、自律意识、爱国意识，带孩子多积累一些相关的正能量经历。

（3）帮助孩子认识学习和成长的实际意义和自身的责任，培养孩子面对困难的阳光心态，高高兴兴吃苦耐劳和认真负责的学习态度，积极向上、热情饱满的生命状态。

（4）帮助孩子全面地锻炼和提升生存、生活、学习、交往、做事、做人的生命力，帮助孩子全面积累在人文灵魂和文化底蕴、科学精神、艺术气质、学习品质、健康生活（有品质的生活和终身体育锻炼）、担当意识、创新精神和实践能力方面的生命素养。

在这四个方面培养的过程中，注意多给孩子接触实际，多实践，多引导体验，多教一些方法，帮助孩子提升生命品质和生命能力。

## 24. 重责任、惜荣誉，达成赏、违责罚

对孩子从小进行责任意识和荣誉感的培养，在家庭教育生活中融入“有赏有罚，赏罚分明”的原则，但不要给孩子形成都是别人要惩罚他们，而是建立一种“责罚”制度，用约定的方法圈定自己处罚自己的几项举措，如果孩子犯了错，你不处罚，他也会选择一项自己罚自己。家庭中的奖励，是跟坚持一个过程的努力最后达成目标联系在一起的，持之以恒、目标达成，父母给奖，体现父母看到孩子的努力，而孩子自己尽到本分是不伸手的。责罚自己与不伸手要奖，都是一种担当意识。

这个担当意识特别重要，培养孩子对自己的每一次选择，都要勇于承担结果，不是因为有些事做完有荣誉、有利益，自己就抢着承担，也不因为有些事做了会有处罚，有损失，自己就推卸、就掩盖。如果真正有荣誉感，就真正对己对事全面想过，负责任地选择，负责任地去做。

## 25. 抑怒用智，修养有方

父母应提高自己爱的境界，不能老停留在“恨铁不成钢”的爱上，应通过学习掌握制怒的方法，找到适合自己的制怒方式，养成用智慧来解决问题的习惯，让自己的爱努力进入智慧的爱之境界。

我介绍一些制怒的方法给大家参考。

（1）知道自己容易发怒的具体原因，让自己有克服缺点的针对性。

（2）自己下决心改变自己。

（3）认识到用发怒的方法来解决问题往往效果并不佳。

（4）领悟到大多数时候智慧比愤怒管用，老用愤怒来解决问题显得自己智商不够高，容易被人笑话。

（5）在自己即将发怒时离开现场。

（6）为了防止自己在后面的时间内有情绪化表现，让自己慢慢地喝水冷静下来。

（7）本来想参与现场但又怕自己控制不住情绪的，令自己变成旁观者。

（8）相信智慧永远胜过情绪，动脑筋去想更加高明的解决问题的办法。

（9）绝对不为了一件令自己情绪不好的事情而耿耿于怀。

（10）调整自己的思维角度，不要老认为真理掌握在自己手中。

（11）相信智慧的力量，相信可以用智慧实现目标，只不过需要更换一个时间来解决问题，提升自己解决问题的自信。

（12）平时把有涵养的人当作榜样。

（13）日常加强自身的学习修养，认识到自己的实际分量，总想改变别人其实很难，不如老老实实地提高自己。提高了自己，也就增加了自己的权威和影响力。

（14）辩证地看待曾给自己留下不好印象的对象，有可能是自己还没有完全认识他们，也可能彼此之间出现了误会，许多问题都可以交给时间去解决，不需要立即去较真，待适当的时候可以用沟通的方式去解决矛盾。

（15）想想何必用“战火”来耽误问题的真正解决，何必将本来是他人的错误转移到自己的身上？

（16）许多事情只要心里明白就可以了，许多需要解决的问题可以留记心里日后解决，不一定都要每次表现出来，而且是怒形于色。

（17）对需要尊重的人来说，有时候自己的形象、风度，比事情本身会重要得多，所以退一步海阔天空。

（18）做任何一件事情，光有善良的动机是不够的，许多时候效果远比动机重要，所以我们只能做动机与效果的一致者。

（19）制怒其实只需要60秒钟来把握住自己！

（20）我们只需要一次制怒的成功来作为改变自己的开始！

### 26. 倾听最佳，建议有金

对大起来的孩子要越来越体现出尊重，我们应养成做孩子最佳倾听者的习惯，听过再交流沟通，再用提建议的方式让孩子自己接着去想，然后再找你进一步讨论。孩子的意见算方案一，我们的看法算方案二，孩子可以二选一，也可以修改完善其中一个方案，还可以综合起来产生方案三。

### 27. 早点吃苦，笑到最后

一个人的一生总要吃点苦头，这实际上是积累一种财富。早吃苦比晚吃苦好。人生是一场马拉松，谁笑到最后，谁笑得最好。阳光教育主张给孩子主动磨炼，做吃苦耐劳的磨炼。

一位家长听了我的建议，送孩子去参加了夏令营活动。半途中，孩子坚持不住了，打电话回来，要求回家。家长打来电话问我，我问他那边有亲戚吗，他说有，我叫他委托亲戚去想办法做些工作，一定要让孩子坚持住，结果孩子也坚持下来了。经过这次锻炼，这孩子到初三时学得很艰苦，爸爸安慰他，他却反过来教育爸爸，这点苦都挺不过，将来还能干出什么事！这就是吃过苦的好处。

## 28. 讲究方法，道可补拙

提倡“方法育人”，培养孩子成长中多教方法（学习方法、思维方法），培养孩子成为一个讲究方法的人，苦干、实干加巧干。

培养方法，就是培养能力，就是培养人的生命力。很多时候，孩子不是不想做好事情，而是不会做，不知道怎么做。孩子在成长中，你要教他方法，这样孩子感到你是帮他，你老批评，会让孩子觉得你误会自己，不信任自己，不爱自己了。因此，要用“方法育人”。

孩子动作慢，比如穿衣服慢，我女儿小时候也这样，我就给她表演消防员怎么穿衣，引她笑了，然后问她习惯怎么穿，接着告诉她头一天脱了衣服应该怎么摆放才方便第二天自己穿，稍微培养了一下方法，她起床的速度就加快了。

## 29. 巧用“参与”，改变自己

参与分享交流，参与社会公益，参与实践活动，参与成功者聚会，参与创意行动，参与大型活动，等等，这些“参与”对孩子改变自己都是很有好处的。

举一个让孩子通过学习分享改变自己的例子。一位妈妈对我说，孩子不爱写作文怎么办？我当时就教给她一个办法：“你让你的孩子建一个 QQ 群，拉一些好同学进来，其中一定要有写作好的同学，你也隐身进去，只观察了解，不要吭声。让女儿发动同学们往 QQ 空间里存放自己写的东西，就是好同学的分享。”这位妈妈就这样做了，经过一段时间她发现女儿变了，先是爱写了，然后就注意学习写法了，结果有一次老师竟然在全班同学面前读了孩子的习作。女儿回家后好激动，妈妈也很兴奋，第二天把女儿写的作文自己打印出来送来给我看，我一看写得还真不错，就帮着投到一家登儿童文章的报社去了。不久，她女儿的习作上了报，从此一个不爱写作文的孩子变成了一个爱写而且会写的孩子。如果刚开始我们看到孩子不爱写作文就批评，而不是创设一个“参与”的好环境来促进转化，会有这样的结果吗？

## 30. 学会“自律”，足下起跑

孩子没有统一的起跑线，哪个孩子快速进步起来了，足下就是他们的起跑线。帮助孩子学会自己培养自己，自己管好自己，就是孩子起跑的时间。人生需要不断给自己增添动力，不断地起跑，不要以为一次起跑就可以决定终生。

帮助孩子学会自律，是一个很长的过程。任何培养都需要过程、步骤。培养自律大概的步骤是这样的：培养一个有执行力的“好兵”→培养一个悦纳他律的孩子→用遵守约定来锻炼孩子→用尝试“小鬼当家”来锻炼孩子→教孩子学习自治自律→放手给孩子自主锻炼。

帮助孩子学习自律的目的、教育的重心，是调动孩子的积极向上的主动性，采用的教育策略就是帮助孩子懂得成长是更重要的事情，成长是自己的责任，更好的成长靠学会自己培养自己、自己管好自己。

一些家长为什么培养不出孩子的自律，主要原因一是没有扎扎实实铺垫孩子成长必需的过程、步骤，二是没有把自己工作的重心放在激发、培养孩子自己的主动性上。

### 杨老师寄语

孩子成长中主动性的培养是家庭教育的重中之重。完全的应试教育回避对学生主动性的解放，现代素养教育特别强调释放和发挥学生的主动性。一些家长不关注孩子的主动性培养，满足于孩子在他律之下的执行力，而不管孩子的可持续发展，不管孩子的独立意志发展和自由发展。健康的家庭教育是不会这样的。

# 第五章

# 家庭教育需要合适的方法

什么是家庭里的优质教育？适合表达真爱、适合孩子理解和接受、适合父母扬长来发挥正面影响的教育，就是优质教育。什么是家庭里的教育艺术？合度就是父母爱的教育艺术，即上面提到的三个适合。虽说教无定法，但教有规律，我们在规律之上尝试方法后得到了适合自己家庭教育的有效方法，就是在家庭教育上开了窍。我们只有在根本的问题上做好了，再用方法才灵，否则我们就会永远跟在孩子的问题后面被动地跑。建设性家庭教育主张正面培养做在前边。

## 家庭教育的方法要一直在变

为什么我们教育孩子的方法要一直在变呢？这是因为孩子一直在变。我们大人的教法是需要因人而异的，要适合孩子的身心发育特点。孩子就如同树上的叶子，虽然都是叶子，但你仔细观察会发现，实际上每片叶子都是不一样的，而且即使是同一片叶子，它在不同季节里也不尽相同。

我们按照孩子成长的主要阶段，简单介绍一下孩子的身心发育特点，及其教育方法上的不同。

### 阶段一：3 岁以前

孩子在 3 岁前，这时他们主要在长身体，生理发育是外显的特点。然而，实际上他们的心理发育也在悄悄进行中。能比较容易看出来的是他们在 1 岁左右就开始学习口语，到 2 岁左右会达到学习说话的高潮，这不正说明孩子大脑发育的水平吗？还有一点也是我们能够明显感受到的，就是孩子与我们的情感关系，这也说明孩子的心理发育水平。不太容易察觉的是孩子生命潜能的发育成长，比如孩子与生俱来的主动观察、注意、认知世界的能力。

这个阶段，由于孩子主要是由家人来带，因此家庭育人氛围举足轻重，我们需要重视的是环境育人的教育方式；由于孩子小、可塑性强，养成教育的方法如果上位及时、使用恰当，孩子成长就会比较顺利、轻松；由于孩子刚开始认识世界主要靠感知，因此我们运用让孩子运动、活动、直观体验的培养方式就应比较自觉，比较多一些；由于孩子重于感性，这时以情感人的教育方式方法如果运用得得心应手，教育效果就会事半功倍；由于孩子小、听话，又有学习语言的主动性，交流、灌输、讲故事的教育方法如果用得又多又好，对孩子养成服理行正的习惯、交流沟通的习惯、定时的爱学习的习惯都可以发挥奠基的作用，同时对培养孩子的大脑功能有极好的实效；由于孩子某些生命的潜能已经冒头，我们家长应提前学好培养的方法，比如注意力、学习兴趣、定力的培养方法等。

阶段二：幼儿园期间

进入幼儿园以后到读小学之前，是孩子快速成长的阶段，我们可以明显观察到的是他们在身高、体重、动作技能和记忆水平上的大提高，可以享受到并陶醉其中的是亲子关系，可以欣喜地看见的是孩子各种潜能如同雨后春笋般地生长。然而，也会有一些特点我们没有明显察觉，或者该冒头的特点没有出现，比如儿童的直觉行动思维的熟练能力、具体的形象思维能力、使用语汇和行为的表达能力、喜欢学习的兴趣、一定鲜明度的良好个性倾向、适应生活变化的能力、有约束和规则的生活能力等。应该出现而没有出现的特点，反映了 3 岁前家庭教育的局限和失误。

在孩子进入幼儿园之前，家长本身的教养局限会使家庭教育方法的使用打折扣。如果幼儿园重视家长的培训，家长本身也注重学习提高，在孩子进入幼儿园之后家长会有一个大提高。如果情况不是这样，孩子就可能在培养上继续延误，继续拉大与其他孩子的差距。

在孩子进入幼儿园之后，家庭教育的方式会有也应有一个大的变化，会由完全的家庭教育方式转变为家庭与幼儿园合作互补的方式，双方的合作程度决定孩子的发展。早期使用的一些方法有不少可以继续运用，比如环境育人的教育方式，养成教育的方法，运动、活动、直观体验的培养方式，以情感人、以理服人的教育方法，交流、灌输、讲故事的教育方法，等等，只不过在方法的实施中需要依据情况的变化而做适当的变化。我在这里需要强调的是应该特别注意的一些大的变化，比如：①体育运动不再一直是一种随意式的活动方式，而是逐步向养成有项目的兴趣方向发展，是一种身体锻炼的方式、意志力锻炼的方式和生活情趣养成的方式。②养成教育应由家庭随意式的方式转变为有指导的全面培养的方式。③出现明确的生命力教育的需要，把安全自护训练和生命磨炼方式科学地结合进行。④出现交往的教育命题，把心理辅导的方式引入生活。⑤出现兴趣培养和潜能培养的需要，家长急需学会衔接性培养的方法。⑥由于孩子逐渐长大，需要更多地引入个性化教育手段、活动教育方式、责任参与方式、生活体验方式、彼此约定方式、互动游戏方式。⑦由于幼儿园教育是一个向小学过渡的培养阶段，家长一定要学会通过在玩中学习的过程进行铺垫性教育培养的方法等。

### 阶段三：小学期间

小学阶段时间比较长，孩子的变化可以分为三个阶段来看：①低年级时，有变化但还不十分明显，家长会感觉到孩子身高、体重上的变化，而从学习上感觉到的可能彼此不一样，有的家长觉得孩子比较适应，还在继续进步；有的家长却感到孩子很不适应，问题出现很多。②中年级时，孩子会有一个蛮大的变化，可喜的变化是看到孩子不仅已经有了好的形象思维表现，而且开始有了逻辑思维表现，学业在继续进步；操心的变化是一些孩子出现了逆反心理，情绪表现明显，低年级暴露的缺点并没有多少改善，学习状态没有进步。③高年级时，孩子生理上已经发生了巨大的变化，表面上看学业分数差距尚不大，但是同学之间的分流其实已经有了，只是家长没有发现，一些同学已经在交往中多了一份异性交往的欲望，一些同学已经在社会交往中多了一份世俗和复杂，当然也有一些同学依然保持着童真、自然和书卷气。

小学阶段家庭教育变得复杂了，困难了，因此更需要讲究方式方法。需要强调强化的方法有这样一些：①变“放羊式”的家庭教育为科学的育人方式。

②变被动的、批判式的家庭教育为重在预防、重在培养的建设性的教育方式。③逐步变完全说教、灌输、管束的家庭教育为更多引导、锻炼自主、培养自动的育人方式。④变短视的、功利的家庭教育为德、学、义统一的育人方式。

### 阶段四：初中及初中以后

孩子到了初中和初中以后，我们必须更加学会尊重孩子。初中实际上是孩子最难跨越的一个时段，他们必须自己战胜青春期中面对的许多难题，必须战胜自我走向成长。这时他们身体的各项指标已经接近成人，性激素分泌大大增加，引起性心理上的萌发；感觉和知觉能力、逻辑思维能力和自我意识的提升，都让他们独立的欲望膨胀，但是相应的独立能力却培养不足，这种反差就会导致他们情绪上、行为上的严重叛逆。

因此，实际上从小学高年级开始就应该调整我们的教育方法，那么，到了初中我们对孩子的教育态度、教育行为和教育方法就会有一个大的改变。

（1）身体距离适当拉开，但心灵距离却需要更加走近，甚至完全走进孩子的心灵，也就是说需要更多的了解、沟通、理解、关注和呵护。

（2）管理和教育需要更多地采用信任、引导、疏导、培养的态度和方法，指导孩子学会自己管理自己、自己教育自己的实践方式。

（3）教育需要我们家长储备更多的道理，学会用新的角度、新的方式给孩子输送正能量，学会使用最热门的交流平台与孩子沟通，学会给孩子不断添加学习动力的方法，学会给孩子交往、思维和学习上的具体而科学的建议。

（4）家庭氛围需要更加民主和睦，家长本人需要更显爱的智慧，更好地与时俱进，永葆教育的威信。

## 父母应该掌握的教育方法

家长许多时候都是在发现了孩子明显的问题之后，才立即做出教育反应。我管这种在第一时间采取的反应性举措，叫作“第一反应”。家长大多数时候采取的第一反应，都是批评。其实，教育的方法绝对不仅仅有批评。我希望各位家长多学习和掌握一些教育的方法，使自己对孩子的教育更加得心应手，效果也更加理想。

1. 欣赏、表扬和批评

在素质教育的推进中，大家学会了欣赏和表扬。表扬和批评是教育中常用的“双子”，是缺一不可的。一般我们在教育中，都是以表扬为主、批评为辅。这是为什么呢？这是因为人特别需要鼓励和肯定，这是人生的一种正向动力；我们教育孩子上进，特别需要调动孩子本身的积极性；表扬是激发孩子内因的一种教育举措。但表扬也并非是万能的，它也不能过于频繁地用，过分使用会使人麻木，夸大其词地用会令人感觉虚伪，不实在、不具体的表扬会让人感觉言不由衷。因此，我们不主张老是对孩子讲“你真棒”，我们提倡真诚地、实事求是地、恰如其分地、具体地表扬。因为表扬不是万能的，所以教育中适宜的批评也是必不可少的。我送给家长的经验是，批评一定要慢半拍，表扬却应尽量及时。这又是为什么呢？这是因为你在准备开口批评孩子时，能给自己留一段时间，让自己有时间摸清自己的批评是否准确，同时考虑清楚方式、方法，然后再进行批评教育，这样效果会好一些。而我们对待表扬却不应吝啬自己的语言，包括肢体语言。至于我们对孩子的欣赏，从大人的自我角度来说，是应当学会欣赏孩子的，而且应当主动这样做。这是因为你只有发现孩子的闪光点，才有利于调动孩子进步的积极性。欣赏是教育的智慧。但从引导孩子进步的角度说，应真实地告诉孩子："你要被人欣赏、重视，其实是需要自身创造资本、创造实力的。"我们现在不少家长朋友在对孩子实施赏识教育的时候，为什么效果不理想呢？就是因为这后一半的引导教育没有做好。

### 2. 纠正、灌输和预防、引导、培养

家长们常用的批评方式，使用比较多的就是纠正和灌输。因为我们习惯于发现问题之后开始教育，所以就只有对孩子已经养成的缺点进行纠正了。这就增加了教育的难度。其实教育应当注重预防，防患于未然。因为教育需要做在前面，所以就需要我们家长学会引导和培养了。可是，这往往是家长朋友的一个盲点。我们一般会用的就是灌输，总以为我跟你讲过了，你就给我记住，然后照办。但我们总是发现不灵，因此我重点给大家讲讲引导和培养的方法。所谓"引导"就是因势利导，需要我们大人掌握孩子的特点和发展趋向，然后循着孩子的特点和势头，依照孩子成长的规律和教育的规律，朝着有利的、利好的方向去引导孩子。这有点像我们种豆角，给它搭一个架，帮助豆角秧顺着我们给它立的竿，向着阳光的方向让它生长。大家懂得了引导，接下来就是要学会培养的方法了。培养，要求我们一定要有明确的培养目标，但目标不是一下子可以达到的，因此我们需要分步培养。孩子的培养有点像竹子的成长，竹子是一节一节长的，我们可以看到竹节，我们培养孩子也是一节一个小目标，让孩子向着阳光一节一节成长的。

孩子大到一定程度，比如小学三年级左右，就开始有了自己独立的判断、想法，这时我们一定要抓紧培养孩子的思想方法和价值观了。这两样东西很

重要。传统的教育非常注重灌输，这也是一种影响孩子思想方法的办法，是一种语言参与我们思维的方式，也是必要的，我们也可以继续运用。但我们应注意的是，孩子接受语言载体的特点可能与我们大人不同，他们更多的时候需要的是语言形式上的新鲜、时尚。因此，我们大人需要增加一种将自己掌握的很传统的好的思想内容进行时代包装的能力。除了沿用灌输的方法，我们还可以运用与孩子交谈的方法来培养孩子的思想方法和价值观。当然，你在能同孩子很好交谈起来之前，必须具备几个必要条件：一是有很好的亲子关系，二是养成了经常沟通的习惯，三是有共同的话题，四是你自己有关于思想方法和价值观的良好储备。交谈也是依靠语言参与，但它是在彼此平等形成交流的情况下进行的，孩子比较容易接受。用交谈的方法来影响孩子形成健康的思维特点，比你硬塞给他们许多观点的方法好得多。当孩子与你的思想方法都健康时，孩子不太会发生严重的逆反表现。讲到交谈，就要说一说讨论的方法。讨论是一个很好的方法，爸爸特别适用这个方法来走近孩子的心灵。因为孩子是先于形成自我认识、自我批评而形成对外人、外界的评判的，所以我们培养孩子可以先找一些社会现象、家庭以外的人来与孩子讨论，这是一种曲线教育策略，先培养起孩子批评的能力，然后再引导孩子逐渐具有自我批评的能力。

3. 体悟

体悟就是有意识地安排一些有益的活动，让孩子通过参与实践获得体验，进而在我们大人的引导下体会、总结出好的生活道理的过程。这是一个很好的教育方法，一是好在它是生活的教育，二是好在生活的道理是孩子自己体悟出来的。希望家长朋友学会更多地使用这一方法。

4. 借力

所谓“借力”，就是说我们可以借助外界的力量来教育培养自己的孩子。

例如可以“借嘴”，找一个同自己孩子友好、亲近、羡慕、佩服、崇拜的人，借助他们的口才来说服、鼓励自己的孩子；可以“借脑”，让有教育经验的家长、家庭教育专家、老师等来给自己出些主意，提供些办法；也可以借助外界条件，比如一个活动、一种环境、一种形势、某一教育形式等；还可以借榜样，比如一个著名的成功人士等。

5. 读书

读书也是一个很好的育人方法，这需要从孩子很小时就培养。培养从听故事开始，然后结合着识字阅读，从看图画书到看图文并茂的书，再到看文字为主的书，从爱看故事开始扩大到广读书，这样一步一步引导孩子爱上读书。

教育的方法实在很多，简直数不胜数，比如训诫、责罚、通信、反思、总结、表率等。我们教育孩子不要局限在一两种方法上，可以根据不同的情况变化出不同的方法。

## 培养孩子思维的15种方法

教育的目的不是培养统一的标准件，而是要培养出具有独立头脑的人。因此，我们对孩子一定要重视从小培养他们的思维。一个人的个性最重要的也是要表现在具有独立的思维上。素质教育主张学生的个性发展，个性发展中最具价值的发展也是人的头脑的发展。

国际上先进的教育，其优势正在人的个性发展上，主要收益是创新人才的产生。我国的教育重在对学生共性的训练，它的优势是学生的基础知识、基本技能牢固。我们不应当完全否定中国教育的优势，但应当在继承优势的基础上改革，在培养创新型人才上加强。目前，学校正在想办法推进素质教育，在这种情况下我希望明智的家长先动起来，重视孩子个性的科学培养，其中特别要重视孩子思维能力的培养。而孩子形成了健康的思维方法，还有一个具体的作用就是可以弱化逆反心理的严重程度。

培养孩子的思维，总的方向是要思维准确、流畅、敏捷、全面、辩证、中庸（不是折中，而是不走极端），既发散又综合，也会变通。因为思维看不见、摸不着，所以我们培养孩子的思维主要靠语言，应在孩子和我们大人之间形成交谈、讨论的习惯。应在家庭中形成民主的氛围，这样我们大人才能了解孩子的思维，才能有针对地培养，才能通过我们的语言参与训练孩子的思维。这些都要求我们自己的思想方法健康、科学，我们就应钻研学习一点思维方法的知识，就应掌握不是依靠批评而是依靠指点、传授、影响和合适的训练程序来提高孩子思维能力的方法。

下面我介绍15种培养孩子思维能力的内容及其方法。

1. 帮助孩子建立现代立体的思维方法

我对女儿从小就注意培养她的学习方法和思维方法，因为我认为不仅勤能补拙，而且“道理和方法更可补拙”。一个懂得研究和利用方法的人，才是真正聪明的人。人与人智商上肯定有一些差异，但会用方法就可以弥补。

有一天，我跟女儿聊天时问她喜不喜欢学习现代立体思维的方法，她好奇地眨着眼睛。我告诉她，传统的思维中有“点状思维”，就像下跳棋一样，比如她妈妈，前几秒还在谈着一个问题，不一会儿又转换到另一个话题上去了，听的人突然听不明白了，再追问她才知道已经在说另一件事了。这种思维方法没什么逻辑性，跟着感觉走，用得好也可以产生创意。还有一种思维可以叫“线状思维”，很容易往两端跑，很容易发现对立的双方或者是一个事物的两面，但殊不知还有广大而复杂的中间地带，这个奇妙的世界恰恰是矛盾的、对立的东西统一在一起。还有一种思维叫“面状思维”，三点就可以成一面，我们常常会听到领导讲话说自己只讲三点，就属于这样一种思维，这是一种尽量照顾到全面性的思维方法。现实中还有一种思维叫作“立体思维”，这是一种现代科学的思维方法。我指着墙角让女儿看出三维线，告诉她，这三条线可以代表我们思考问题的三个角度，比如我们分析自己的学习状态，我指着左右向的横线说这条线代表自己与其他同学比，这叫作“横向比较”；我指着前后向的竖线说这条线代表自己的今天同过去比，这叫作“纵向比较”；我指着上下向的竖线说这条线代表自己的水平高下，比如我们可以分析一下自己在班级中的位置，看出自己在学习能力上的水平，这叫作“高下比较”。这种从三维角度思索问题的思维方法，叫作“立体思维”。这三条线，我们还可以换名，一条代表“是非线”，一条代表“利弊线”，另一条代表“水平线”，又构成了另一组立体思维。我经常用它来解决同学们的思想认识问题，一般用完两条线，许多问题都能解决了；如果还不能彻底解决，我就用第三条线，用完了就基本解决了。这是因为现在的学生绝大多数都认为自己很聪明，没有一个愿意做低智商的人。这三条线还可以换另外的含义，组成又一种立体思维。

我就是这样来培养和训练女儿的思维的，总的方向就是希望女儿的思维朝着全面、辩证、健康的方向发展。

### 2. 换词造句的思维训练

现在一些老师的课堂里弱化了造句的训练，我认为这是不妥的。有人可能以为造句训练的功能仅仅是掌握词语，认为这不必要，生活完全可以让人们自然地学会词语的使用。其实不然，汉语本来就有明显的“模糊语言”的特点，但汉语交际中也有“精确语言”的需要。古人一向有精练表意的传统，所以才有了“推敲”之说。弱化造句的训练，且不说会使我们说话太过“模糊”，甚至有损我们思维的准确性。因此家长们一定要注意这个问题。

我在读大学时，一个同学先是发现我有些时候非常注重表意的准确，后来又发现我经常做换词造句的训练。比如我准备讲严格管理孩子与爱孩子的关系。我初始的表达是“严字当头，爱在其中”。想说明我们在教育中首先要把对孩子的长远发展负责放在第一位，否则容易产生溺爱；但爱是教育的核心。后来我再一想，很多时候我们对孩子的严格，孩子并不理解；不能让孩子理解的严格，并不是值得提倡的。所以，我就决定将“在”字改成“渗”，这就变成了“严字当头，爱渗其中”。然而很快就否定了。虽然“渗”已经强调了我们应注意将爱的情感“注入”到严格管理的行为中，但没有强调一定要让孩子感受出。因此，我又把“渗”改为“透”，这就又变成了“严字当头，爱透其中”。其强调了我们要对孩子严加管理，又要让孩子明显地感受到。家长朋友们，你们说我这是在进行语言训练呢，还是在进行思维训练呢？

我们常常说某某口才好，以为口才就是说的能力。非也，会说一定要会想，会想才能真正保证说得好。因为思维看不见、摸不着，语言就是流出来的思维。

我们可以反过来，通过语言训练来训练孩子的思维。孩子会想了，自然可以说得更好些。我这种做法，就是通过换词造句的思维训练达到思维的准确。我们还可以用这种训练法，达到训练自己的表达多样化，一个意思我们可以准备出几种不同的表达，这样还可以帮助自己说话更流畅，不会发生口不择言、吞吞吐吐、磕磕巴巴的状况。

### 3. 学会吸收他人意见中的合理内核

女儿小时候，我培养她的思维时曾问她："你喜欢将来做一个聪明的人吗？"女儿点点头。我告诉她，聪明人有两种，一种是自己跌倒了爬起来，总结教训，下回不会再犯同样的失误；一种是看见别人跌倒了，自己就会总结经验，也可以做到不犯与人家同样的错误。这后一种人更加聪明，因为他们不需要事事都要自己经历了才明白。他们为什么可以做到这样呢？是因为他们善于借鉴。借鉴是一种很好的思维品质。我看女儿听得入迷，就继续告诉她，还有一种借鉴，是一种非常大度、非常民主的思维方法，这就是善于吸收别人意见中合理的内核。我们有时候听一些不同的声音，心里会不舒服。其实，我们不需要完全抛弃自己的意见，也不一定全盘照搬别人的意见，我们可以从别人意见中找到其中合理的元素，这样来修改、完善自己的意见，或者受到别人的启发又产生一个更好的意见。

学会了吸收他人意见中的合理内核，这会让我们自己的头脑变得更聪明，胸怀变得更豁达，学习和工作的效果也会变得更好。

### 4. 学会建立多种方案和产生新方案

孩子思维批判力的形成，总是先形成批评外界和他人的能力，才形成自我批评和审视内心世界的能力。因此，在女儿小的时候，比如我带她上街时，我常常带着她观察认识世界，如果发现了周围的一些不良的人和事，我总要和她议论一番，先听听她的意见，然后也叫她听听我的意见。有时候遇上一些我敏感地觉察出有点相左的问题，我习惯于让孩子学会不要急于得出结论，我说我们还可以找时间再讨论。以后我就会寻机再和她讨论。当孩子有了明确的批评意见时，我总会引导孩子也来想想自己。我告诉她，别人是这个世界中的个体，我们也是这个世界中的个体，我们这样做是通过认识一个一个个体来认识这个世界。

当孩子养成了不急于得出结论而继续思索问题的习惯时，我告诉她，当我们面对的不是急事时，也就是时间允许的情况下，都可以先提出多种方案，然后再进行选择，或者是再产生一个新方案。

### 5. 学会在两极意见之间产生正确而适合的意见

我特别强调不要让孩子的思维走极端。如果经常容易产生认识上的偏颇，孩子闹严重逆反的可能性就大。为了预防这种情况，我注意了培养孩子懂得全面而辩证地看待问题。

我曾经给女儿分析过一些人的思维倾向，容易犯左右摇摆的错误，就像“荡秋千”，左过来，右过去，总在两极之间摇摆。我帮助她理解为什么伟大的孟子提倡“中庸”，这是因为我们需要学会在两极意见之间找到一个正确的、适合的意见。这才是一种健康的思维。

我还给她分析过“对立统一”的哲学认识：世间万物一方面有矛盾、对抗和斗争，另一方面矛盾双方又互相依存、贯通，具有同一性。我告诉她，没有后面的认识，就不可能有中国的改革开放和经济上的高速发展。但如果我们只注重矛盾对立抗争的一面，社会矛盾就有可能激化，这是不利于国家的稳定发展的。我们应当既关注矛盾又重视同一，这才是一种科学的思维。

我在孩子有了一定认识的基础上，常常借机引导和训练孩子的思维，具体方法：①教孩子学会发现两极或两面的意见，然后思考在两者间构建自己正确而适合的意见。②教孩子发现不同意见之间的矛盾点和相通点，从是非、利弊和高下的角度进行比较，然后进行扬弃、吸收和再生。③教孩子学会发表让不同意见者统一起来的意见。④教孩子学会发现事物之间的共同点即规律，遵循规律办事。⑤教孩子学会从少数者中发现真知、真理、亮点和解决问题的特殊方法，为己所用。

### 6. 训练孩子形成逻辑条理

我经常对一些父亲讲，要在孩子培养上做好自己的角色，让孩子有更好的双脑发展，有更好的逻辑思维。

一般来说，男性的逻辑思维都会相对好些，作为父亲如果放弃了对孩子的思维影响，这无疑是一个损失。其实，父亲对孩子的思维影响，并不需要父亲懂得多少逻辑知识，只是需要父亲于百忙之中抽空与孩子多聊天，多讨论问题、分析事情，在孩子构思作文结构时稍加建议，就这样已经很好了。因为我们作为家长只是需要训练孩子形成一定的逻辑条理性，懂得简单的推理，这样就可以了。

### 7. 训练孩子敏捷思维，迅速做出反应

这是我们培养孩子思维的重要的一个点。思维敏捷是创新型人才的一种品质，我们应当在生活中注意培养。训练的方法：①找适当的游戏作为训练件。②通过训练孩子提高注意力来达成，人在专注的状态中思维的敏捷度会提高。③用抢答的方式训练。④利用或创设比较紧急的情况锻炼孩子在应急状态中做出正确反应。

8. 对孩子进行两点论、三点论训练

对孩子进行两点论、三点论训练，方法主要是让孩子发表自己对客观的人与事的看法，然后大人进行两点论或三点论的启发和引导。当然，大人与孩子这时的思想交流，必须是在一种平和的情感气氛中，双方的交流要平等，要科学，要高明，要不孩子怎么会愿意接受你的指导呢？

教育我的女儿时，我是这样跟她聊的：这个世界上的一切人和事都是一分为二的。比如，大自然有白天就有黑夜，社会有光明面就有阴暗面，人身上有优点也会有缺点。我们在分析问题时，就应当尽量看到两面。这就是比较全面的两点论的思维。如果还想再认识得更加全面一些，我们可能就要看到两面之间还会有中间地带，比如在黑与白之间有灰，这是人与事的复杂性，这就会产生三点论。我们经常用这样的思路来想问题，久而久之，就会形成一种健康的思维方法。

我还告诉过女儿，我们议论人与事的两面，不一定是平分秋色的，比如看待一个同学的优缺点，我们总会看优点多一些。这是为什么呢？这是因为主导人和事的因素在一段时间里总有侧重，我们看问题要学会抓重点。我还告诉过女儿，我们认识世界，不仅应当看到“一分为二”，还应当理解“合二为一”的现象，比如这个世界恰恰是矛盾对立的事物同时存在的。

9. 对孩子进行思维发散的训练

对孩子进行思维发散的训练，就是锻炼和引导孩子“东南西北天地中”“左右前后上下里”，随便地想，天马行空。比如，有一次我跟女儿聊起服装设计的奥秘，我启发她，就把服装设计讲得简单化，告诉她服装就是动动领口、挖挖洞洞、长长短短、松松紧紧、点点缀缀、换换面料，不难不难！然后就给她做了解释。这实际上就是在培养她学会多角度、放射性思维。有了这种思维习惯，做一个会创造的人也不难。

### 10. 教孩子掌握利用综合思维法产生创意的程序

不仅发散思维可以产生创意，与其完全相反的综合思维也可以产生创意。所谓“综合思维”，就是吸收“百花”→进行“消化”→产生“好蜜”。具体做法：①自己先写一个创意提纲。②拿提纲去向人家请教或与他人讨论。③思考和吸纳别人的意见或建议。④对自己的创意提纲进行补充、修改和完善。⑤再一次征求意见。⑥完成创意方案。

### 11. 教孩子通过不断变通达成思维出路

这个训练是锻炼思维的灵活。一些孩子数学学不好，就是因为不会变通。

我自己有一段时间数学成绩在下降，大约是小学四年级吧，那时不知道什么原因学校总换数学老师，一连换了三个，自己适应不过来，成绩就下来了。后来经常跟一个数学好的同学一起做作业，发现学数学头脑一定要灵活，要认识到解决问题的路径不一定是一条，不能钻牛角尖。这个同学经常带我做一题多解的练习，做了一段时间，我的思路就变得活络了，数学的成绩也就上来了。由此可见数学的一题多解训练可以培养我们学会变通，找到思维的出路。

从另一面看，我们要提高孩子的数学成绩，除了用不同的解法多试几次，还要记清楚题目的类型。这就像我们手里握着一串钥匙，第一把钥匙如果打不开锁，要懂得马上试第二把、第三把。我们还要记住一把锁对应有几把钥匙，通过多次用心训练，就能记住那些做法。

### 12. 通过口头作文训练法训练孩子的思维

作文可以训练孩子的思维，让孩子的思维逐渐完整起来，严谨起来，有条理起来，具体起来，形象起来，生动起来。但是，作文又是孩子最不容易做的功课，如果教不得法，孩子就被难住了。这时，我们完全可以用口头作文的方式训练孩子，也就是让孩子先不要忙于写，可以先说说自己想写什么主题，用什么手法写，想写出怎样的真情实感。这一切完全在亲和的对话中进行，大人逐渐听懂了孩子内心的东西，就可以启发他们、建议他们，然后再听他们说说，帮助他们越说越清晰，越说越完整，越说越有层次，越说越自信，越说越生动，几乎越说越像一篇作文了，这时就可以让孩子自己去写了。这就是通过口头作文训练法训练孩子的思维。

孩子要学会写作，需要四个条件：①懂得观察生活，思考生活，积累生活。②爱看好书，注意学习借鉴。③学会构思立意。④积累了一定的语汇、表达手法，具备了遣词造句的语言能力。

口头作文训练法实际上是训练孩子的结构思维，是从思维入手来训练孩子学习写作。

## 13. 通过质疑训练法训练孩子的思维

孩子开始问个不休，这便是动脑的开端。一些家长不知道，就嫌孩子烦。结果就抑制了孩子的思维发展。正确的做法：①尽量回答孩子，但应防止孩子思维懒惰。②引导孩子从书本上寻找答案。③引导孩子向行家、专家请教。④引导孩子在网上搜索。⑤引导孩子努力向学，以好奇心和求知欲为基础培育孩子的学习动力。

总之，孩子的“问”是需要引导和培养训练的。这就是质疑训练。

以语文学习为例，叫孩子在预习时就是要问。怎么问呢？也不能乱问。这是需要教的。比如一篇文章，可以问为什么的地方，就是值得停下来想一想的地方。一般来说，题目、作者、一些似懂非懂和感到用得好的词语、某些在表意传情上重要的句子、有疑义的地方、觉得写的特别好或不好的地方、自己觉得应该问一问老师和同学们的地方等，会提问题了还不够，还应当准备一些自己的主见，随时可以与人讨论。提问题也不需要每一次面面俱到，要学会抓重点、难点。提问题可以带上一种挑战心理，这可能还更有利于孩子把问题想得深一点，准备得更充分一些。通过质疑训练法训练孩子的思维，实际上是培养孩子的创新型思维品质，是非常有利于孩子的学习和日后发展的。

## 14. 通过讨论法训练孩子的思维

通过讨论法训练孩子的思维，是一个很好的育人方式。讨论，可以培养孩子的民主精神，培养其大度的品质，在思维上则能达到敏捷、深入，善于吸纳、包容和答辩。学习讨论，应学会准备讨论提纲，列出自己想讨论的问题、要表达的要点，预设出别人可能提出的问题、可能发表的反对意见，列出自己的解释和反驳。提纲不用写详案，但纲目要周全，便于即兴发挥。

## 15. 建立通过实验探究真谛的思维习惯

通过实验来探究真谛的思维习惯，是国际社会上相信实验科学的思维习惯。不仅是自然科学领域，社会科学领域在国际社会中也都是相信实验的结论。而中国的传统是相信经验，虽然总结经验也是科学研究的一种方式，然而由于国际社会上更相信实验科学，这不免影响了中国文明的推广应用，比如中医学科。因此，我们今天培养孩子建立通过实验探究真谛的思维习惯，无疑是将自己的孩子培养成为热爱中华文化的国际型人才的育人之策。

我们家长应教育孩子重视在学校里面的实验课，自觉培养自己的实验能力——动手能力、观察能力和思维能力，其中特别应提高撰写实验预案和实验报告的能力。因为这有利于帮助自己养成一种遇事都要问为什么的思维习惯，都会想到设计一个实验去探究个究竟，都能够依靠实验结果分析出个“所以然”来，或提出自己的大胆猜测来。

### 杨老师寄语

勤能补拙，道也可补拙，培养孩子成为一个喜欢研究和使用方法来学习、做事的人。

### 亲子互动游戏

#### 我是教官

**作用**：提高专注力、自信心。

**时长**：10分钟。

**玩法**：

大人先让孩子听指令做军训动作，主要指令有坐下、起立、前后左右转向、趴下、左滚、右滚等。指令完成后两人互换角色，继续游戏。

## 对孩子物质奖励好吗

在我们成人的世界里，大家都知道物质奖励是有显著作用的，说实话我们还蛮高兴领奖金或领奖品时的那份感觉，我们对美好的物质利益绝对有欲望，而欲望可以成为我们人生的一种动力。但有理智的成人也都清醒地知道，金钱、美物、享受这些东西，虽然有刺激动力的正能量作用，但如果用得不对、用量过度也会适得其反，我们成人都有这种体验。因此，物质奖励需要有度。

物质奖励用在孩子身上，用在孩子教育中适合吗？现在一些父母在家庭教育中都使用物质奖励法，大致有这样几种情况：①在家务劳动中使用。②在学习活动中使用。③直接给钱或买物。④用亲子旅游作为学习进步的奖励。

这四种奖励，直接给钱在家务劳动中和学习活动中肯定是不相宜的了。为什么呢？因为家是讲情的地方，而不是讲利的地方。我们培养孩子适当地参与一些家务劳动，是为了培养孩子的劳动品质，对劳动的热爱、习惯，由爱而生的家庭责任感，将来自己过日子时的能力。但是，如果我们连孩子做家务都要给钱，这就是培养孩子为了金钱才做家务，这样培养下去孩子就会变得计较，变得患得患失。培养孩子学习就更不要将分数同金钱联系起来了，我们需要培养孩子的是他们对知识、对学习本身的热爱，如果孩子将来钻研知识、钻研科学都是为了金钱，没有高待遇都不去做，那样我们国家就更难出为国家、为科学献身的创新人才了。孩子为了得钱去学习，他们会越来越感到自己的付出与待遇不成正比，而家长们最终无法满足他们的欲望，这时其动力就会衰减乃至全无。因此，这样做是不行的。

第四种做法是可取的，因为“行万里路”是一种很重要的学习，是对学习书本知识的一种补充，而且亲子旅游又有利于培养一家人的亲密关系。但这里需要讲清楚：一般来说，物质奖励是需要正能量的行为积累的，不能频繁使用，量也不宜过大，不要做一件事就奖，应该是根据一段时间的进步来奖，一个优点巩固了就可以奖，发展有了质的飞跃就可以奖。不提倡孩子伸手要奖，培养孩子不是为了奖励才努力，而是为了自己的成长去努力，为了实现自身生命的价值去努力。奖励是代表父母看到了他的努力和进步，是父母对他们进行肯定的一种教育方式。孩子意外得奖，收获精神上巨大的激励，这才是教育的智慧。

总之，我们在家庭教育中应坚持表扬、鼓励为主，批评为辅，适度奖励适合一年半载做一回。

## 孩子玩网游、看电视上瘾，怎么办

家长们问这方面问题的很多，总以为讨得一服药给孩子服下去便药到病除，其实孩子的毛病不是单一原因造成的，也不是一天两天养成的，治愈这方面的问题需要家长们有综治的教育思路，首先需要自己做一些良好的变化。

我建议小学生上网、看电视最好每30分钟休息一下，连续用眼太久可能会对视力和大脑神经系统带来伤害。家长应当提前给自己的孩子打好预防针，告诉他玩物丧志的道理，引导其通过分析其他孩子荒废学业的事实，来自己制定管好自己的规矩。接下来就是监督下的执行，这需要考验孩子自己约束自己的能力和意志力水平，因此平时帮助和带领孩子做锻炼意志的活动特别重要，从小教育培养孩子履行诺言、说话算话的品质特别重要。这也需要考验家长的原则性和教育意志力，同时家长千万不可把给上网、允许看电视作为奖励的措施，在这点上全家人一定要一致。

当孩子已经有了网瘾，真正需要反思的首先是家长自己！一般来说，孩子有网瘾是因为他们在学习上没有乐趣，这是因为家长没有培养好孩子的学习品质。所以，我们必须用长善救失的方法，让孩子提高学习能力，形成学习中的乐趣和自信，他们才可能走出网瘾。

### 杨老师寄语

“立字当头，破在其中”。“立”是建设，是培养。我们的家庭教育要把对孩子全面的、正面的培养工作放在第一位。对孩子身上的问题，也应通过培养来加以解决，使问题消失在培养的过程中。

## 如何以“建设的态度”对待孩子犯错

许多家长习惯于批判教育、纠正教育，也就是在发现孩子的问题后，就直接严厉批评，如果孩子不听就骂，甚至打；如果孩子硬顶，家长甚至跟孩子较劲儿。结果并不灵验，不是大人败下阵来，就是孩子学会与家长“斗智斗勇”，并强化出一个稳固的坏毛病。

其实，我们家长在家庭教育中，可以不用这种“直接应对”的方法，而转换采用一种“不予理睬”的态度，也就是想另外的方法来解决问题。这样，可以避免强化缺点，激化坏脾气，造成严重逆反。一些优秀老师也经常用这种方法，比如上课铃声已响过，教室里依然人声鼎沸，这时怎么办？大声呵斥？不行，学生们不会理睬一个他们认为是“低智商疯子”的人。不如安静地、微笑着看着他们，这时他们会突然发现老师已来到，然后迅速安静下来，如果还有谁不能马上安静，就会有同学提醒他。当然，事后老师还应做些正面引导教育，并采取一些班干自管措施，帮助大家养成预备铃后就安静下来的习惯。像这种可以替代“直接应对”法的方法有不少。

1.“榜样示范”法

不用直接批评，而是自己做示范给孩子看，让孩子懂得应该怎么做。有这样一个家庭，一次，孩子吃香蕉，吃完随手就把香蕉皮丢到地上了，这时，妈妈看到了，可她并没有立即批评，而是走去拿来了扫帚和簸箕，然后教孩子扶着簸箕把，自己用扫帚把香蕉皮扫进了簸箕。这时她才告诉孩子香蕉皮应该丢进垃圾篓。教育工作到这里还没有结束，正好家里有小动物讲卫生的动漫，妈妈就放给孩子看，用孩子喜欢看的动漫让孩子明白了道理。

2.“方法育人”法

许多时候孩子是因为不懂正确的做法，所以犯错误，这时家长就应该帮他总结教训，并教他方法，帮助他提高生命的能力，生命的能力提高了，自然可以做好了。一位妈妈也懂得需要培养孩子做些家务，她让孩子负责叠衣服，可是她并没有把方法教给孩子，孩子不会做，做不好，她就批评孩子又懒又笨，孩子一生气就干脆不做了，她也就不再让孩子做了。后来这位家长把孩子带来见我，我问她愿意学叠衣服的方法吗？她立即点头。我就开始教她，教了一遍她就可以叠得很像样子了。

3.“扬长避短”法

任何一个人身上都是既有缺点也有优点的。家庭教育就是要帮助孩子“扬长避短”，当然许多家长都知道这个道理，但家长习惯于帮孩子“补短”“克短”，这都是直接应对之策。我们还应该建立起一个“通过扬长来达到避短”的教育思路，也就是暂时回避孩子的某个短处，不是从缺点入手来改造孩子，而是着力在培养孩子的长处上，让优点突显出来，光明面大了，其短自然就淡化掉了。我为什么管这样一些方法叫“阳光教育”？就是因为我们的教育是让光明面增大的教育，是用阳光盖过阴暗的教育，是引导教育互动的双方都有阳光心态的教育。有一对父母老强调自己的孩子“有病”，结果就强化了孩子的这种自己“有病”的意识，搞得孩子自卑情绪上涨。听我介绍了“阳光教育”的思路，这对父母豁然开窍，想起来孩子身上实际上是具有许多优点的，为什么自己不奋力培养孩子的这些长处呢？优点张扬出来，这样孩子的自信不就上来了吗？如果我们更多的家长都明白“阳光教育”的道理，父母与孩子之间的较劲儿就会大大减少了。

### 4.“优点引领”法

对于一些后进状态的孩子，一些教育有困难的孩子，可以通过发现他们身上潜藏的“优点（火种）”，用他们自己的优点来引领他们进步。一位父亲老批评儿子挑食也解决不了问题，我了解到这位父亲会做菜，就让他教儿子学习做菜；还了解到那个儿子喜欢阅读，就让这位父亲给孩子买两本教做菜配菜讲食疗的书。结果孩子反过来指导起父亲来了，告诉父亲哪些食物搭配才有营养，一段时间后孩子挑食偏食的老毛病就自动消失了。

**杨老师寄语**

阳光教育，是建设性家庭教育之下一套具有30个方略的教育策略系统，具有实操性。其主张通过培养和扩大孩子身上的阳光面，来消退孩子身上的阴暗面。

## 孩子做作业慢怎么办

许多家长都问过我，孩子做作业慢怎么办。其实，我的孩子也经历过这样一个发展阶段。我没有去批评她，我首先用了“观察法”，想找出其中的原因。我发现了孩子做事很认真，认真到一丝不苟，要求自己写的每一个字绝对要“横平竖直”，所以写字就慢了。这时，我们家长怎么办？你若批评她，就有可能把她的优点也批评掉了；但如果你不批评她，她的慢毛病就永远存在。怎么办？这时，你就要用“建设的方法”。

第一步，我先“避难就易”，我发现她写字慢另有一个原因，就是她握笔太低。我就自己握上笔演示给她看，握得太高用不上力，因为我的动作很夸张，女儿笑了；握得太低活动不开，写字就慢了，所以要适当。女儿开始握笔适中了，我让她巩固了一段时间，果真写字快了一些，这时我就夸她：“好样的，你看爸爸一教就进步了，真是我们的好女儿！”

第二步，我告诉她这横平竖直也不是绝对的。我找来一本字帖，指给她看，告诉她写字好看讲究一个“平行律”，要注意“横横平行，竖竖平行”，掌握了这个规律写字就可以快了，写有点儿像划，但横取斜势，微微地斜向右上方，横的最后一笔，比如“三”的第三笔，起笔、收笔有顿笔的写法，这是活笔，让字漂亮了；竖呢，有笔直的，也有活笔，比如“川”，第一笔是活笔，是竖撇，第二笔、第三笔则要注意平行地竖下来，这样柔和硬配合起来写，字就漂亮了；竖向笔画还有呈“内八”和“外八”的，比如“口”字的左右两笔要“内八”，“国”字的左右两笔或写成完全平行，或写成微微有点外八，接着我就用“内八”“外八”不同脚型学走路给她看，女儿又笑了。我讲这番话，并不要求女儿一下子全懂，留给她慢慢体悟，但影响她的是思想方法。由此可见我们认识问题不能太绝对，慢写不一定就能写得好看，快写不一定就写不好看，关键是有方法。

第三步，我问女儿想不想找本字帖来练练字？女儿点点头。我就告诉她，练字有慢练、快练，慢练，就是一个字一个字照着练，这样练的好处是练出的字“像”，可以练出一手标准的某某体；快练，就是选几本自己喜欢的字帖来，比较着看，看出规律来，看出特点来，这种方法叫读帖，读帖之后自己创造出一种“杨体”来。我问她喜欢哪一种方法，女儿选择了后一种，我就带着她去书店选字帖。结果孩子在很短的时间里，自己练就了一手写得又快又漂亮的硬笔字。

我使用的这种方法就叫作“建设的方法”，它不是从批判入手，也不用成天数落孩子，而是在发现问题之后，把问题暗记在心里，想好方法然后出手；方法，则主要用引导、鼓励和培养能力的思路，教孩子建设出一种好的、有利的、高明的方法来，这样就自然地代替了过去的方法。“建设的方法”显然效果比“批判的方法”要好，这是教孩子一个健康的思想方法和一个有效做事的方法。

### 杨老师寄语

孩子的学习必须开始于热爱、快乐、爱之上的刻苦和主动的养成。孩子的知识学习必须开始于潜能的释放、感性知识的积累和良好习惯的养成。

## 孩子听课不专心、多动，怎么办

一些孩子进入小学以后父母都发现有听课不专心、多动的毛病，产生这个毛病的原因并不在当时，而是在早期和学前。因此我们希望准父母们、预备期父母们，一定要善于接受前车之鉴，提前加强家庭教育知识学习，防患于未然。

解决孩子听课不专心、多动的问题，需要有综合的思路。

首先，你要清楚孩子的学习是需要动力的。一般来说，需要四个动力：一是孩子同父母间因为真爱产生的情感动力，和孩子同老师间因为亲近产生的情感动力；二是孩子有学习兴趣，不是现在家长非常重视培养孩子的特长兴趣，而是孩子有没有求知欲，有没有保持住好奇心、对知识的新鲜感，有没有产生对事物问一个为什么的兴致；三是孩子在以往的教育中有没有养成良好的学习习惯，比如爱读书的习惯，习惯是一种最好的动力；四是孩子逐渐大起来可以产生自己的一些愿望、追求、目标和理想，这是一种主动而持久的动力。在这方面，你注重培养了吗？培养好了吗？如果孩子身上缺乏动力，你单抓孩子的注意力是没用的。

其次，我们需要训练孩子的注意力，训练孩子的定力。这方面家长朋友一定要与孩子共同成长，我们要加强自身的学习提高，孩子学习学校的功课，我们学习科学的育人知识。你只要上网搜索一下，就会发现许多训练注意力的方法，你可以选择适合自己和孩子的方法，自己先学会了，然后带动孩子训练。

最后，抓孩子的学习，单靠见子打子、不断批评是不成的，一定要立足培养，而且要综合培养。该立的养成了，注意力问题自然就消除了。

## 孩子学习上自信不足怎么办

自信，实际上是人在做事时的一个很重要的动力。然而，自信的产生到底与什么因素有关呢?

一个成绩一般的同学向我反映自己真的努力了,可进步依然不大，而家人对他的期望值很高,他现在一点信心也没有,他并不想让爸妈失望,可他不知道应当怎么办。

这位同学所面临的问题，主要是缺乏自信。而自信对一个人实现成功是离不开的。但一个人的自信是怎么取得的呢?光靠自己对自己的一次又一次的鼓励,光靠别人对自己的一而再、再而三的鼓励,那作用都是短暂的。自信的取得,从根本上说,要靠自己的努力提升实力。因此我奉劝他不要想太多,继续努力!如果自己努力了，可成绩上升不大，这往往是自己在学习中还没有找到路径入门，也就是没有掌握适合自己又适合学科的方法。学习光靠勤奋还是不够的,一定要巧用方法智慧地学习，这样成效才好。当我们讲究了学习方法，成绩就可以上升，这时自信也就会上升了。因为这时你一定会将自己付出的努力和自己的进步联系起来，你会感到自己做对了，你会感到自己还是有能力实现自己的梦想的。关于方法，我们可以向老师请教，可以通过结交一些学得好的学友来获得；自己也要善于总结成功与失利的经验。关键是不耻下问，成败在勤于动脑，希望在一以贯之。

有的家长，如果自己过去学习还不错，有一些好经验，就应注意“雪中送炭”。在孩子信心不足的时候，有实际困难的时候，不要一味地批评或施压，而应当在学习方法上给孩子一些点拨，这样做会有更好的实际效果。

## 孩子爱攀比怎么办

在不良社会风气的影响下，一些孩子染上了爱攀比的坏习惯，这在家庭教育中是一个需要引导的问题。然而，我们又应该如何引导呢？

其实，人都是在比较中生活的。有的人经过比较，产生的是正向的结果；有的人经过比较，产生的是反向的结果。前者，我们不会批评他们是爱攀比；后者，我们是一定会批评他们的爱攀比的。因此，这是一个教育引导的问题。我们是通过看结果、预见结果来批评或引导的。我们希望避免的不良结果是，孩子把生活的重心放在攀比上了，产生妒忌心理、盲目攀比心理，虚伪炫耀表现，产生人际间的是非，产生自己行为上的偏差等。

如何来引导孩子远离攀比心理，远离攀比行为呢？

（1）一定要培养孩子做一个独立思考的人，一个有个性的人，一个有一点反潮流精神的人，一个有事业心的人，这样的人一般不会因为过度追求潮流而丢失自我，而且一般会鄙视那些虚荣和攀比的行为。

（2）孩子的评价系统的形成，往往是先具有评判外界的初步能力，然后再发展到评判自身的。我们根据孩子的这个特点，可以在一个阶段经常引导他们去观察和分析别人典型的攀比行为，帮助自己的孩子形成批评的眼光和建立健康的价值判断，然后再逐渐引导他们学会审视自己的心理和行为。这样就可以避免自己的孩子陷入明显的攀比泥沼。

（3）如果发现自己的孩子发生了攀比的行为，请大家记住：一般来说，一个不好的行为第一次产生的时候，我们一定要认真制止，彻底解决问题，绝对不允许同一个错误再犯第二次，绝不能姑息迁就，这样才有利于孩子的成长。

（4）一定要培养孩子的道德情感，不会因为周围人都在做而自己不做会发生内心的不愉悦，倒是因为自己能坚持自己的方向而感到自豪和快感；也不会因为自家的清贫或节俭的生活方式而感到自卑，而是高兴地保持自己的人生态度。

（5）理解和支持孩子所表现出来的与众不同的、并非偏激、有一定道理的思想认识和独立行为。

（6）对已经形成爱攀比特点的孩子，一般提倡使用“建设的方法”，即少用容易激化矛盾的批判的态度。只要我们着力从正向上去培养自己的孩子，只要孩子逐渐走向了具有健康的独立思考能力的方向，走向了追求事业的方向，爱攀比的程度自然就会弱化乃至为零。

亲子互动游戏

### 小小按摩师

**作用：**培养责任感、协调能力、平衡能力。

**时长：**5 分钟。

**玩法：**

爸爸趴在床上或地板上，孩子小心地踩在爸爸背上来回走动给爸爸按摩，妈妈在旁边做好保护。爸爸不断鼓励孩子，说“你真棒”“谢谢你”等。

## 孩子不爱与人沟通怎么办

孩子面对的是一个现代交际社会，与人沟通、交流的能力是一项非常重要的能力。我们应该搞清楚孩子为什么不爱与人沟通，有针对地培养孩子提高沟通能力。

孩子不爱与人沟通，这可能仅是我们自己的一个印象，也可能仅仅是不爱与父母沟通，而在同学中有很多话；也可能是不爱主动沟通，如果你主动与他沟通，他实际上还是有很多话的。这是提醒家长朋友注意在印象的基础上做一番仔细的了解，判断清楚自己的孩子是属于什么情况。

不爱与人沟通的原因也是复杂的，有的孩子是小时候很爱沟通的，但后来变了，那为什么会有这么大的变化呢？你搞清楚了没有？有的孩子是性格使然；有的孩子是因为环境逐渐养成了这么一种习惯；有的是因为认识上有偏颇，比如他们就认为没必要沟通；还有的孩子是因为不懂得与人沟通的方法。这是提醒家长朋友要解决问题必须弄清楚原因，做有的放矢的教育工作才灵。

下面是一些具体的建议。

（1）家长必须用事实让孩子真正懂得，交往能力是社会需要的一项非常重要的能力，而沟通能力就是一项重要的交往能力。不会沟通就很难与人交往。在家庭里所有家庭成员都能沟通，家庭就和睦幸福；在学校里你善于与同学、老师沟通，你的人际关系就好；将来在社会上你善于沟通，你就很容易得到工作需要的人力资源。沟通作为一项能力是需要从小锻炼才能逐步提高的，不是将来可以临时抱佛脚的。

（2）你要鼓励孩子，给孩子信心：不是说彼此有隔阂就不需要沟通了，其实正是因为有矛盾、有误解所以才更需要沟通；不是说自己的性格就是这样，是不会变的，其实关键在于自己有没有变的需要与决心；不是说自己今天不会沟通，明天也一样不会沟通，人只要肯学习、肯锻炼就会发生惊人的改变。

（3）你要学会教给孩子一些方法，给他创造一些与人沟通的锻炼机会。

①找到共同的话题与孩子聊天，不“打棍子”、不“扣帽子”。

②引导孩子多参与一些有意义的社会集体活动，交往能力、沟通能力是必须在接触人群中才能获得的。

③告诉孩子在第一次接触他人时，提前不必想得太过复杂以至于吓怕自己，要相信自己只要主动开口、大胆走近，开头的难题就会突破，剩下的问题就交给随机应变了。

④沟通的自信来源于自己的口才实力，引导孩子学习讲故事、演讲、辩论，这样孩子的口才慢慢就提高了。

⑤让孩子接触点儿交际心理学的常识，知识有利于增加智慧，智慧有利于提高行动力。

⑥父母应给孩子留下自己与时俱进的印象，这样才方便孩子与自己主动交流沟通。

⑦引导和鼓励孩子提高自己的学习力和内涵，告诉他这样就有了与人交往、与人沟通的自信和资本。

⑧培养孩子健康而丰富的情感世界，不断用责任感、使命感和世界眼光来扩充孩子的胸怀，这样非常有利于孩子在交往和沟通上的向好发展。

⑨经常随手拈来一些发生在周围或引发网民热议的事情，与孩子讨论，让孩子充分发表意见，进行思想交流，对不同意见不“打棍子”、不“扣帽子”，作为父母只提出需要双方深入考虑的建议，不着急马上下结论，允许经过进一步思考后再讨论。

⑩与孩子约定，沟通中无论意见怎么相左，也不能做伤害感情的事情，

一定要坚持“和为贵”，一定要尊重不同的意见，做到善于吸收别人意见中合理的内核，以完善自己的意见。

### 亲子互动游戏

#### 单脚跳

**作用：**锻炼平衡感、挑战精神、坚持力。

**时长：**2 分钟。

**玩法：**

以起点前方 10~20 米处的树为终点，孩子在前，爸爸在后，大家都用单脚往树那边跳，比赛看谁先到达目的地。爸爸要故意做出快追上的样子，让孩子保持前进动力，妈妈在旁边为孩子加油。

## 孩子私拿家长的钱怎么办

孩子私拿家长的钱，这的确是一个家长应当及时给予重视的教育问题。但我希望家长不要去强化“偷”这个概念，以至于给孩子产生明确的负面行为意识。有一个孩子因为喜欢同学的一个小玩具，所以就拿了妈妈的钱去把玩具买了回来。其实，孩子并不是想去“偷”，如果是想“偷”，他就会偷走同学的玩具，但他没有，他只是用妈妈的钱买回了自己喜爱的玩具。因此，我们不要给孩子扣上一顶“小偷”的帽子！然而，我们确实应当教育孩子，主要有以下几个教育点。

（1）孩子要用钱是一定要经过妈妈爸爸同意的。

（2）不应当与别人攀比。

（3）引导孩子学会正确理财的方法。

（4）引导孩子的注意力不要老停留在玩上面，而应当更多地转移到读书学习方面来。

（5）给孩子建立适当的、利好的学习奖励制度，引导孩子通过自己的多次努力、一个过程的努力来实现一个愿望。

## 孩子没有自信怎么办

给孩子自信，再给孩子自信，不断帮孩子增添自信，这是给孩子动力。千万不要让我们的不经意，导致孩子产生自卑的心理，或者是让孩子盲目地自大起来，这都是瓦解孩子的正向自信。

现在大家都知道自信心非常重要。一个孩子，如果有自信，他可能就会发展得非常阳光，一往无前，顺顺利利，而且会不断地收获一个又一个小成功，并攻克一个又一个困难，走向更大的成功；如果他缺乏自信，就会缩手缩脚，窝窝囊囊，不敢面对一点点困难，严重者还会自暴自弃，破罐破摔，给他自身的发展带来心理上的障碍和前进道路上的曲折。

但自信心如何培养呢？有人主张让孩子自己对自己喊口号，激励自己；有人主张大人讲一些虚夸的话，比如“你真棒”，其实这都不是长久之计。给家长朋友介绍一些培养孩子自信的小方法，也希望大家不要以为用了一个方法、用了一次方法，孩子的自信就上来了。培养孩子的自信，是一个从小到大的全面教育过程，再好的方法孤立地用、机械地用，也不一定顶用。一个人的自信，是建立在自尊、自理、自律、自强和自立基础上的，是建立在正确的自我认识和不断提高的自我能力、自我实力基础上的，这是根本。没有这个基础，人就会自卑；过高地自视，人又会自负。因此，我们要在形成自信心这个基础上来培养孩子，任何方法的使用都是在这个基础发展上的合理使用。

培养孩子自信有这样几个小方法可以参考。

1. 多鼓励孩子

一定不要老拿自己的孩子和别人的孩子比，这是孩子最讨厌的爸爸妈妈的做法，因为它让孩子迷惑，以为自己的爸爸妈妈不爱自己，好像自己不是爸爸妈妈的孩子。所以，我们做家长的，一定要善于及时发现孩子身上的每一点自觉的表现、主动的表现、上进的表现、良好的表现、成功的表现，及时地给予具体的欣赏、赞美、肯定、表扬、鼓励的话语。我们一定要善于用孩子身上的亮点带领孩子前进。当孩子听到鼓励而高兴起来的时候，如果我们发现他们同我们的沟通和交流正处于一个最佳点上，我们就可以趁势引导，和他们一起总结，更好地沟通，帮助他们进一步提高认识，进一步明确努力的方向，进一步增强某一种对于他们是“雪中送炭”的能力。在孩子主动讨教的时候，我们不妨多给他们一些反馈。对孩子的培养要全面，而要求却不要求全责备。我们需要鼓励孩子的应是做最好的自己，做更好的自己，不必事事争第一，但一定要争上游，一定要有自己的优势。对孩子的鼓励要经常，而奖励却应在一个优点或成绩巩固了一段时间以后。这样才有利于孩子不是为了奖励才做事，才有利于孩子的优点和优势稳固增长。

2. 多给孩子做事的机会

孩子的自信是在做事中成长的。比如让孩子从小就学着自己的事情自己做，在走向自理的过程中就可以积累自信；孩子大一点了就应开始承担一些力所能及的家务，不是为了钱而做，而是出自对亲人的情感和对家庭的责任感去做，在锻炼做事的成功中就会积累自信。对孩子做好的每一件小事都给予及时的认可，并总结他们成功的经验，这样就可以不断地增加他们的自信。我记得很清楚，女儿小时候，有一次她告诉我同学要到家里玩，而且会玩过中午，可是我们两口子都忙，我就对女儿说：“你不招待人家吃中午饭吗？”女儿面露难色，我说我可以教她做饭。那天我教给女儿做的第一个菜是灯笼椒炒鸡蛋，做的第一个汤是西红柿鸡蛋汤。结果经历了这一次之后，女儿在生活上就有了自理的自信。

3. 多带孩子外出旅游或踏青

人不仅应当多读好书，而且应当多行万里路，在亲近自然和社会景观的过程中增加阅历。见多识广会提高自信。现在一些父母每年都有计划带孩子一起到全国各地去旅游，或者是自驾游，或者是参加旅行团；有的已经安排出国旅游了。我去一些学校听课，发现有的学生回答问题时，不仅能讲书本上的，而且能够以旅游所见所识为证，讲的时候分外自信。

4. 帮助孩子提高实力

发现和发展孩子的爱好、特长，在平衡发展之上形成和突显孩子自身的优势智能。不断激励、引导孩子自强不息，帮助他们提高自身的实力，实力会让他们更加自信。我经常辅导学生参加演讲比赛，刚开始他们都没自信。但经过改稿、背熟、自练、辅导、试讲一整个过程，最终他们各个都能够自信满满地走向讲坛，而且拿回奖项。这是为什么呢？就是因为在努力中实力上来了，实力上来了自信心就上来了。

5. 引导孩子展示自我

在家里设立一处可以让孩子张贴自己涂鸦之作或摆放自认为成功的作品的地方。通过让孩子不断展示自我来增加他们的自信。我过去到美国的学校里就发现那里都有一面让学生张贴自己作品的墙，当时就感到这个办法很好。后来发现自己学校里有一位老师家里就有这样一面让孩子可以随意涂鸦的墙壁，我再观察她的孩子果然明显自信，而且个性十足，能力惊人。

以上这些方法都应当在生活中自然地去应用。不要把自信心教育变成理论的说教，那样是不会成功的。自信心培养是生活化的教育活动，是水到渠成的事情。

亲子互动游戏

### 将硬币滚向靶心

**作用：**培养专注力、自信心。

**时长：**5 分钟。

**玩法：**

在起点前方 1~2 米处，画三个大小不同的同心圆，模仿靶盘。父母和孩子站在起点轮流把硬币滚向圆圈，硬币越接近圆心，得分越高，各玩三次，每次的成绩都要记录下来，最后再统计总分，决出胜负。

# 如何将孩子的逆反表现降到最低程度

孩子的逆反心理问题，是家长们最头痛的教育问题。加强这方面的学习，而且要提早学习，提高家长自己的应对能力，是必须的。

当你发现孩子有了比较明显的逆反表现，你首先要控制自己的情绪，不要让事态严重。一般来说，孩子发生严重的逆反表现会有这样一些原因：①父母与孩子的情感关系发生了问题。②父母在孩子心目中的威信产生了动摇。③父母的教育态度、教育行为、教育方法出现了问题。④父母忽略了对孩子健康思维和独立能力的培养等。你一定要准确找到原因，才好有针对地改善和培养。

对待孩子可能进入叛逆期，我们可以采取一些预防措施。

（1）赶紧走出溺爱的误区。

①对孩子不要“一味迁就”，应学会为了孩子的根本利益“狠下心来”。

②对孩子不要“一贯包办”，只有给孩子不断创设锻炼的机会，他才会有更好的成长。

③对孩子不要“代替自管”，只有指导他通过学习自己培养自己、自己管理自己、自己教育自己的过程，孩子才能提高自律能力，学会正确地选择，学会负责地做决定。

（2）用引导孩子提高独立能力的办法，来平衡他的日益膨胀的独立欲望。

①尊重孩子要求独立的愿望。

②支持孩子通过锻炼逐步走向自立，但要让孩子明白真正的自立要能够

自律、自强和在经济上独立解决生存问题。

③经过沟通让孩子明白走向独立是一代人传承一代人的历史发展过程，就像接力跑，即在过来人指导下学习、锻炼、思想成熟的过程。

④在家庭教育中实行民主教育，家长学做一个最佳倾听者，让孩子大胆地讲出自己的意见，大家可以讨论，孩子也要学会倾听大人的意见，学会理解大人，学会从别人的意见中吸收“合理的内核”，全家人做到友爱和谐。

⑤用“选择教育”的方式来教育孩子，不急于给孩子下结论，我们只是给孩子建议，让孩子学会在大脑中形成多种备选意见或方案，学会观察分析社会上不同的生存方式，学会比较其利弊优劣，最后选择或建立自己的态度、立场、观点、方式和方法。

⑥一定要重视培养孩子形成健康、科学的思想方法。其实，培养独立的头脑比灌输观点更重要。孩子的思想方法对头，他们自己也能得出正确的结论，达到“殊途同归”“不谋而合”“和而不同”的客观效果。培养孩子的思想方法要用讨论、建议、点拨的方法。

⑦父母无论多忙，都要安排同孩子亲密接触的时间，保持思想和情感上的沟通。每周至少两次，每次至少 1 小时。可以一起去书店、一起运动、一起逛街、一起下馆子、一起旅游等，在共同的活动中聊天交流。

⑧父母在学习上要与孩子共同成长，孩子是学文化，我们是学科学育人的知识。总之，我们要与时俱进，在孩子心目中的形象永远保持鲜亮。

### 杨老师寄语

反对溺爱。溺爱是家庭教育的大敌，是万恶之源。溺爱表面看起来是爱，却牺牲了孩子的长远利益、根本利益，特别是阻碍了社会文明的提高！

# 第六章

# 学习品质需要精心培养

孩子的培养是对其生命品质和生命力的培养。好的生命品质给孩子好的人生质量，强大的生命力给孩子好的生存力和发展力。孩子的学习品质就是其生命品质，其中，学习力是孩子最重要的发展力，在生命教育基础上的学习品质培养，是生命品质转化出生命力的根本。学习品质的培养结构，主要包括学习成长的动力系统、学习向上的精神和作风、学习成功的方法和能力。我们应该在这三个方面，从小一点一点给予孩子适时、科学的培养、引导和锻炼。

# 家长应当学习的三个教育智慧

一般来说，现在学校和家长都比较重视“抓两头”，一是做好小学生刚入学的适应，二是做好毕业前的小初衔接。这样做也是对的，然而更重要的是必须抓好适应后的培养。为什么呢？一是孩子在基本适应了小学之后，家长很容易麻痹大意，容易放松对孩子的培养。二是孩子的表现看起来还不错，很令人放心，但到了四年级前后，孩子可能突然间表现出大退步，这个表现会让我们家长措手不及。解决小初衔接，其实也不是小学阶段最后一两年的事情，而在于孩子入学之后的四五年时间内的有效培养。

接下来就跟家长朋友专门谈谈入学适应后的培养工作，给大家三个教育孩子需要的智慧。

智慧一：“进两步，退一步，保一步”的育人策略

（1）强化立志教育，推动孩子继续进步，帮助孩子理解“不进则退”的道理。这是“进两步”，就是要推动孩子在适应后有更高、更新的自我要求，有大幅度的继续进步。

（2）孩子从学前到一年级时，是必须要有很好的他律的。在他律低下时我们就要注重孩子主动性的释放，向形成自律的方向引导了。这时候我们的工作叫作培养孩子悦纳他律，总之，我们不能满足于孩子在他律之下做得好，还要培养孩子主动地接受他律，主动地做好事情，而不是被动地做事情。这

种引导，需要我们在肯定的基础上提升。不能打击孩子付出的努力，哪怕是被动之中的努力！为了进一步激发孩子释放主动性，还有一个属于“进两步”的举措，就是要教会孩子自己培养自己，告诉孩子把学习当作自我成长的担当，帮助孩子理解发挥出自己主动性的好处，尝试着实践自己培养自己。

（3）引导孩子在“顽童的玩”上退一步，使孩子对玩的认识提升一个境界。我们可以把锻炼身体的体育活动当作玩，把锻炼动手动脑能力的科学活动当作玩，把艺术实践当作玩。有趣味心地去做更关系到自己成长的正事。家长应该学会“文武之道，一张一弛”的辩证法，指导孩子在“留白”的时空里计划自己的时间，学会管理自己的生命。

以上这三个教育举措，都是为了保证孩子即便遇到一些小的挫折，总体看还是在进步着。

## 智慧二：继续注重“为了明天，做好今天”的铺垫性培养

大量科研成果告诉我们，孩子在初中阶段的可持续发展，关键在于小学阶段的培养，而不仅仅在于小学最后一年的培养。我们从孩子适应小学生活后，就要开始做“为了明天，做好今天”的铺垫性培养。人家用一年时间解决小初衔接问题，我们用四年时间稳稳当当来解决这个问题，更有利于孩子拥有发展后劲。

做好今天，我们必须扎实做好四件事情：夯实孩子的知识基础，让孩子养成好的学习习惯，促使孩子进行大量、广博的阅读，切实培养孩子科学高效的学法。

千万不能一不留神让孩子在日常学习中积累没学会的知识，这非常影响孩子小学的知识基础。没有扎实的知识基础，就会影响孩子进一步的学习。任何优秀的学子，都仰仗过硬的学习习惯，学习习惯不好孩子很难进步。有一些孩子到了初中，虽然也挺勤奋刻苦，但学习的理解力总是跟不上，其中有一个原因就是小学时读书太少。读书多，头脑里储备的信息量大，学习新

知识时联想就快，理解力就上去了。

孩子学习用功，成效却不大，还有一个原因是学习方法不对。孩子懂得学习方法，大人会教学习方法，才有利于孩子提高学习能力。因此，这“四个扎实”对孩子的长远发展很重要，做好“四个扎实”就是给孩子往前走铺垫一条好路、实路。

### 智慧三：孩子逆反期家长要注意自己的情绪管理

孩子在四年级前后有一个逆反期，为了减轻孩子的逆反程度，家长一定要注意自身的反应，同时要理解和疏导孩子青春期中自然的心理倾向，一定要重视提早开始培养孩子的思想方法，避免孩子因为思想方法的极端而导致严重叛逆。

（1）改变自己的第一反应，控制好自己的情绪，相信智慧胜过发火，绝不做“逼上梁山”的事情。

这件事太紧要了！很多时候，家长一看到孩子有让自己不满意的行为，就发火，就批判，这样做其实对解决问题毫无裨益，反而破坏掉亲子关系，破坏掉自己的教育威信，甚至会逼着孩子“造反”叛逆。家长要认识到这种情绪化的教育是最糟糕的教育，是最失败的教育，最没本事的教育。如果你还有对孩子负责的爱，就一定要改。只有改变自己，才可能改变孩子！不要给自己找借口，不要老做事后的“忏悔者”！只有自己下狠心，才能控制住自己；只有尝到用智慧育人的甜头，才会改变自己！

教给大家一个方法：当你发现孩子出现问题的时候，立即想到给自己一个新的具体的学习和育人任务。这是用一个学习的好习惯来占据情绪的坏习惯的“坑”，用一个优点来代替以往的缺点！

（2）利用好氛围、好心情、好话题与孩子友好讨论，通过先培养孩子审视外界的能力，再培养孩子审视自己的能力，然后进一步培养孩子的思想方法。

首先，家长跟孩子要从孩子小的时候就形成沟通习惯，并保护好这个习惯。

有了这个好习惯，培养孩子就容易了，想培养孩子的好的思想方法也就方便了。孩子是先形成评价他人的能力，然后才形成自我评价能力的。因此，我们要顺势而导。我培养孩子审视自己的方法，就是经常跟她讨论看到、听到的一些事情，帮她建立了辨别能力之后，我才“手电筒向里照”。我对她说：“‘谁人背后不说人，谁人背后无人说’，我们议论发生在他人身上的事情，也就是说人。你想过没有，就在我们说人的同时，可能就有人在另一个地方说我们。我们说别人，别人不一定全接受；别人说我们，我们也不一定全同意。为什么？因为每个人都有对自己的看法。对自己的看法很重要，正确地看自己就更加重要。这就是我们需要的向内看自己的能力。”孩子有了自我审视的能力，我们与孩子的沟通就容易了，我们对孩子的教育培养也就容易了。这就是我们做这一步培养的意义。

我们把解决孩子逆反问题的思路，从改造孩子变为规避自己，把发火的第一反应变为提高自己，这就使我们想到了通过培养孩子的思想方法来帮助孩子增加战胜逆反现象的内因。

我主张家庭教育工作都应该做在前边，所以在我的孩子还没有发生逆反的时候，我就开始了为后面可能发生的情况做铺垫性培养了。有一次，我跟孩子聊到和而不同的思想方法，告诉她孔子说君子都是和而不同的，就是说君子能够跟大家和睦相处，同时又保持着自己独立的不同。

我们对“不同”应该有三层认识：第一，不同是自然的，如果大家都一样反而是奇怪的，所以我们应该把不同看得平常点，应该尊重各自的不同；第二，我们都应该保持好、发展好自己的与众不同；第三，这个世界就是无数“不同”构成的，什么时候大家都懂得了和而不同的道理，天下就太平、大同了。

我告诉孩子和而不同是一个极好的思想方法，比如我们一家人要“和为上”，就要尊重彼此的不同，谁也不说伤害彼此的话，不做伤害彼此的事情，对于我们个人，则要保持好、发展好自己的不同，我们一家三口的不同，合为一统，幸福相依，这就是和而不同思想方法的运用。语言的影响留存在大脑中，并且逐渐发挥指导自己认识和行为的作用，这就是对孩子思想方法的培养。这个培养非常重要，我提前给了孩子“和而不同”的思想影响，孩子平稳地度过了青春期，我们家没有发生因孩子大闹逆反而导致的家庭教育失控。我把我的体验分享给大家，希望大家掌握这第三个智慧。

**亲子互动游戏**

### 用落叶认识个性

**作用：**培养观察力、创造力。

**时长：**10 分钟。

**玩法：**

和孩子一起把不同种类的落叶收集起来，让孩子通过触感、视觉和嗅觉比较每片叶子之间的差异，父母在一旁指导孩子摸一摸、看一看、闻一闻，并告诉孩子每片叶子都是不同的，世间所有个体都有差异性的道理。

# 利用“三学教育”提高孩子成绩

我经常问家长朋友：重视孩子学习应当重视什么？家长的回答不外乎“重视成绩”。可重视学习只是重视孩子的成绩提高吗？提高孩子的学习成绩又靠什么呢？我要告诉大家的是，重视成绩，首先应当重视支撑成绩的相关因素。

那么，支撑成绩的相关因素又是什么呢？

我相信，大家都见过古代传留下来的鼎，我们就用它来说明问题。一个大鼎，可以盛很多很多的水，但它需要有三只结实的鼎足支撑它。对孩子的学习来说，这三只“鼎足”就是学习的动力、学习的作风和学习的能力。我们关心孩子的学习，关心孩子的成绩提高，就要关心支撑孩子学习成绩的这三只“鼎足”。

“铸造”这三只鼎足的教育，我把它称为“三学教育”。

“三学”就是指乐学、勤学、巧学。“三学教育”就是培养孩子乐学、勤学、巧学的教育。

乐学教育就是培养孩子的学习动力。可以成为孩子学习动力的因素有很多，主要有兴趣、情感、习惯和理想。我们抓孩子的学习就是要帮助其形成这四大动力，并且不断增添学习向上的动力。

勤学教育就是培养孩子的学习作风，热情、积极、主动、认真、刻苦、守时、多思、勤问、耐心、细心等利于学习的品质都要养成习惯。我们培养孩子就是要从小狠抓养成，其中就要养成一套良好的学习和做事的行为习惯。

巧学教育就是培养孩子的学习能力。应引导孩子从小学习做事就喜欢研究方法，掌握方法，逐渐学会利用方法达到智慧地学习。

那么，怎样培养孩子乐学、勤学、巧学呢？

（1）要从小培养。刚开始应先培养乐学，让孩子在快乐中学习，在玩中学习。在玩中学习，虽然不是我们家长概念中的学习，但这是对孩子成长上的引导，引导孩子在玩的时候也能发现学习的乐趣、学习的内容，收获学习成功的快乐。玩是孩子的天性，追求快乐是人类的天性。我们不应当扼杀天性，不能让孩子失去了童年的快乐。如果孩子因为过早开始系统地学习而厌恶学习，畏惧学习，我想这绝不是我们的目的！所以，我们只能因势利导。孩子早期的学习，不要有什么系统知识学习的任务、进度，而应着力培养兴趣、好奇心、求知欲，此时主要是接触知识，知识是养成乐学、勤学的载体，我们的目的应放在培养孩子养成乐学上。至于孩子能接受多少知识，那都是值得我们鼓励的成绩。

（2）在乐学的基础上，我们应着重于孩子逐渐养成良好的学习习惯。首要的是定时学习的习惯。让孩子定时去做同一件事情，形成类似条件反射式的习惯，习惯成自然，一到相应的时间孩子就会自觉地进入到学习的状态。这是学习非常需要的一种状态。有这种习惯的孩子，将来学习怎么会不好？从小养成了这种习惯，我们还需要辛苦地盯着孩子吗？习惯的养成，我们特别要注重第一次的养成。一些父母却没有注意这个“第一次”，结果第一次不留意养成的是一个坏习惯，然后我们就需要不断地批评和纠正，这样就加大了我们教育的难度，而且容易导致孩子产生逆反心理。因此，我们应当细心留意孩子的“第一次”，在观察孩子的基础上因势利导。有时候应当给予细致的指导和手把手的训练，不要让孩子感受到父母是在批评和纠正他，而是感受到我们是非常有爱心地培养他。当然，对孩子的标准不可一下子立得太高，但需要逐步提高，这个“逐步”就是培养孩子一定要安排一个过程。总的原则：不要挫伤孩子的积极性，重在肯定和鼓励。当发现孩子的习惯养成不好时，父母应先反思自己，不要急于责备孩子，不要挫伤孩子的自尊心，而应正面教他正确的做法，慢慢地帮其分析、理解不同做法的利弊、正确做法的科学性。

（3）当初步形成了乐学、勤学的习惯，巧学的教育应及时跟上。不能及时提高孩子学习的能力，会影响孩子乐学、勤学的状态，会降低孩子的意志力、自信心、注意力水平。因此，应让孩子多进行成功实践。成功实践就是让成功成为孩子的“成长之母”，尽量让孩子在父母的指导下能从小的成功走向大的成功。这就需要父母懂得很多科学地做事的方法。跟孩子讲方法，不能抽象，应通俗易懂、具体、简单。孩子大一点之后也可借助别人的学习方法来帮助他。

（4）帮助孩子从小养成广泛的学习兴趣是非常有利于学习的。培养兴趣，不宜用尝试法，而应用观察法，发现潜质，因势利导，切不可强加于人。有一次，一位母亲来找我咨询。她说孩子已经读到初二了，却完全没有学习的兴趣，不知是怎么回事。我问她是怎么培养孩子兴趣的，她说自己一贯重视孩子的兴趣培养，各种兴趣班她都送孩子去学过了。我问她有多少种，每一种学多长时间，她说有十多种，每样大概学半年。我告诉她这样去尝试培养孩子的兴趣就错了，一定要通过观察去发现孩子的兴趣点在哪里，然后接着培养。每样都试一试，每样都浅尝辄止，这样孩子自然就没了兴致。我见到过另外一位家长，有一次她领着孩子经过一家卖钢琴的店。孩子听到琴声就进去了，站在弹琴的老师身边，抚摩着钢琴爱不释手。老师叫他坐在位子上弹一下，他就大胆地弹了，弹得还不错。这位家长发现了孩子的兴趣点，并发现了孩子的潜质，就开始了这方面的培养，结果孩子就学进去了，现在都钢琴7级了。这个事例说明，培养孩子的兴趣首先要有发现的眼睛。培养孩子的学习兴趣，不仅需要我们注重培养孩子的特长，这一点许多家长现在都注意到了，可往往又因此过分加重了孩子的负担，得到的结果适得其反。所以，关键在于顺其自然，因势利导。因势利导中特别要注意发现和激发孩子学习知识的主动性，比如认字的主动性、问问题的主动性、读书的主动性等。刚开始培养孩子的兴趣，在这方面要广泛，有此基础然后才是培养两三样爱好，然后再培养一两样特长。因此，在培养兴趣的工作中，应当把培养孩子的好奇心、求知欲、质疑能力都包括进来。

（5）帮助孩子扩大自己的内心情感世界是极其重要的，不仅需要培养孩子的亲情，而且需要培养孩子的大爱、博爱、干事业的激情，需要在情感升华的同时培养孩子的责任感。情感是孩子主要的学习动力，我们应善于将情感转化为孩子积极向上的动力。我记得有一天，我正准备出门上班，电话铃响了，是一位听过我课的家长打进来的，问我孩子不想去上学怎么办。我问她孩子对你的情感怎么样，她说就是因为太好了，黏着她，所以不想去上学。我告诉她一个方法："你就问孩子她爱你吗，孩子肯定会回答爱，这时你就告诉她你不喜欢不爱上学读书的孩子。"我第二回准备出门的时候，电话铃又响了，还是那位妈妈。她欣喜地向我报告孩子已经高高兴兴去上学了，夸我这个办法真灵。我告诉她此法下不为例，多用就不灵了。情感关系要靠日常不断的感情投入，要靠经常自然的交流沟通。问题的关键在于我们不能溺爱孩子，我们要培养孩子从小学会爱别人，并且引导孩子逐渐扩大内心世界，学会爱家乡、爱亲人、爱祖国、爱人民，以至爱世界、爱人类。这种小爱加大爱的情怀，将会是孩子长久的、自觉的学习动力和人生动力。

（6）家庭教育中有一项极其重要的养成教育，就是要帮助孩子把积极向上的学习态度、勤奋刻苦的学习精神和科学高效的学习方法，都养成习惯。好的习惯对于孩子就是一种不需要意志力作用的人生动力。习惯养成不是靠说教，而是靠大人指导下的训练，靠严格监督下的坚持，靠激发了孩子内因的实践，靠同伴互动之中的竞赛，靠不断鼓励和肯定做出的推动，靠大人模范表率的引领。这六个"靠"就是六个抓养成的方法，请家长朋友自觉去用。

（7）对孩子一定要从小注重培养立志。立志不是讲空洞的大道理，不是立看不清的大目标。培养的方法是从实现孩子自己一个进步的愿望、一句诺言或者一个兴趣爱好开始，然后慢慢引导孩子树立起自己的目标，并为实现自己的目标而去坚持努力，进而逐渐去形成愿终生奋斗的追求和理想。理想是人生永恒的动力，一辈子的加速器。在形成理想的进程中，一个榜样、一本传记、一次演讲有时都能起到终生的推动作用。有一次，我带北京大学学子到北部湾一带做对高中生的励志演讲，见到台下有一位母亲带着一个年纪较小的孩子在认真地听。我觉得这位母亲很了不起，很懂得培养孩子立志。立志就要从小抓，哪怕孩子的志向会不断地调整，也没关系，只要孩子有动力、在前进。我们培养孩子立志，就是要把孩子培养成为一个有理想、有追求、有事业心、有责任感和使命感的人。

（8）抓孩子提高成绩，不要就分数抓分数；抓孩子提高学习能力，不要就能力抓能力；抓孩子学习，一定要做人、做学问一起抓，一定要“三学教育”综合抓，可以有侧重，但不要单一抓。

（9）教孩子学习，主要看孩子的发展方向，是不是爱学习，是不是养成了良好的习惯，是不是有潜力，不要引导孩子去纠结第二名与第一名的区别，只要孩子不断努力，不断进步，就应当肯定。教孩子学习，压力要适当，主要应培养孩子主动学习，主动了，心理负担就轻了。应培养孩子多动脑，学会科学的思维方法，争取全脑发展。多锻炼观察力、注意力、想象力、理解力、记忆力、动手能力，这样学习能力就提高了，学习能力高了，效率就上来了，学习负担就轻了。教孩子学习，应教孩子学会预习，学会“智鸟先飞”，学会不同学科的学习方法，孩子“开窍”了，学习就会突飞猛进。教孩子学习，不能只重知识，而应既重知识又重能力；不能只重结果，而应既重过程又重结果；也不能只重分数，而应既重成绩更重全面进步；更不能只重书本，而应既重书本也重实践锻炼。

# 你的孩子为什么很难乐学

不是生活中没有乐学，不是孩子做不到乐学，是我们大人的教育思想出了毛病，是我们抓孩子学习的态度和做法出了毛病！培养孩子的学习品质启动要早，但不是抓知识教育要早，而是早期教育要进行素质教育！我主张下面三个办法：一是帮助孩子在养成“自然而然”中走进学习大门，孩子的心情是平和而快乐的；二是不要抛弃玩和快乐，而是引导孩子升华玩和快乐的生活品质，学会合理地分配时间，利用好“玩中学习”的发展过程，利用好快乐是孩子的动力，这才是“师父引进门”的教育智慧；三是一定要高度注重在孩子的学习成长中释放孩子本身的主动性，培养好孩子本身的内动力，培养好孩子的阳光心态，培养好孩子的独立性。

一位家长感慨道：“让孩子乐学太难了！”我想，有这种感触的家长绝非个别，只不过这个家长说了出来。

为什么你的孩子很难乐学？有的人会说，学习本来就是一件苦差事，不可能有什么乐学。我觉得这话说对了一半。因为他说对了一个事实：学习的确是一件辛苦的事情，的确需要勤奋刻苦的精神。你应该明确告诉孩子学习就要刻苦，但是，不能在孩子很小的时候，在抓孩子学习品质培养的开端就这样对孩子说，那会把孩子吓怕的。让孩子刚开始学习就喝着“黄连水”，然后你站在旁边喊着口号鼓励他坚持住。这是不行的！这样是不会持久的！

为什么你的孩子很难乐学？我认为，问题出在了最开始，开始的时间迟了，或是方法不对了。一听说开始的时间迟了，一些家长就会提前给孩子学知识。那样你培养的内容又不对了！培养孩子的学习品质，刚开始是要注意衔接孩子的天赋来培养的，比如孩子的注意力，刚开始的培养其实就是不要轻易打扰孩子的注意行为，可是不少家长偏偏就不断打扰着孩子，结果孩子的注意品质就差了，这种情况家长往往在孩子进入小学后才发现，才开始培养，这就是培养迟了。再比如一些家长抓孩子的学习早倒是很早，可是方法不对，他们是按照应试教育的习惯做法做的，刚开始就给压力、给重负，有不少家长一周七天给孩子安排学习六天半，刚开始孩子还可以坚持，时间久了就放弃学习的主动了，这是非常不好的结果。

亲子互动游戏

## 闭上眼睛往后躺倒

**作用**：培养孩子的勇气和平衡能力，加深亲子之间的信赖感。

**时长**：2 分钟。

**玩法**：

孩子闭上眼睛站好，然后身体向后倾倒，爸爸在背后用双手接住孩子。如果一开始孩子不太敢向后倾倒，爸爸一边鼓励孩子不要怕，一边在较高的位置，如与地面呈 75 度处接住孩子，待孩子克服害怕心理后，逐渐把高度降到 60 度、45 度处，但要时刻注意保护好孩子。

## 培养孩子要重视培养“三态”

我曾经多次嘱咐家长们，应该注重对孩子“三态”的培养。这个“三态”就是孩子阳光的心态，认真的学态（将来就是认真的工作态度、生活态度）和饱满、昂扬的生态。

孩子的心态极重要。我们培养孩子要高度注重他们的心理健康。有的大人心想，孩子这么小能有什么心理健康问题？可是如果父母教养不到位，引发孩子不良的情绪反应；如果父母自己心情不好，导致孩子不良的心情；如果父母在孩子周遭长期制造不利于孩子形成稳定、健康的心理态势的条件，孩子在一个缺乏爱、缺乏安全感和归属感的环境中生长，那不就是在导致心理健康问题吗？重视心理健康，不仅仅是有问题才解决问题，而是要注意从小培养孩子拥有阳光心态。

学习中有一个很重要的学习态度和学习状态问题。这就是我们要谈的“学态”。好的学习态度是自己想主动求知。有内需就有主动，无主动的原因就是没了内需。孩子出生以后，起初都是主动学习的。他们主动地适应环境，主动地模仿对象，主动地学习母语，他们有天生的内需。可是，为什么后来有些孩子到了该学习的时段反而没了主动呢？这是因为父母没有培养那些孩子的内需感。人类的遗传基因只给了大家一个好的开头，后面需要我们继续培养，而且早期的这个衔接培养是有“季节”的，过了季节就难培养了！你若没有培养孩子的求知欲、好奇心和好问，没有培养孩子的阅读兴趣和上学欲望，孩子没有形成内需感，就会失去学习的主动。积极的学习状态就是主动之上的良好的学习习惯养成。一些父母老在怪孩子学习不主动、不自觉，其实，那是你自己从小没培养好孩子的学态。

我这里所言的生态，就是孩子的生命状态。有的孩子平时的生命状态就是热情饱满、朝气蓬勃、富有激情的，特别在他们面对困难时也不会垂头丧气，而是积极勇敢的，这就是一种有正能量的生命表现，这就是一种昂扬向上的生命状态，是人的生存和发展的积极状态，是我们需要培养孩子努力争取尽量达成或靠拢的生态。

心态、学态、生态，是我们都要培养孩子的。教育最难做的，就是把握“度”。心态就是把握度时我们需要看的尺子。在心态阳光的状态里，孩子学态再怎么积极、拼搏，生态再怎么饱满、燃烧，你都可以放心，你只要做好关心的角色就好。但如果你观察到孩子的心态有消极表现了，你一定要及时地反思自己：是不是关心、鼓励不够，是不是给的压力、负担过重？是不是自己粗心没察觉到孩子遭遇的困难？是不是自己好长时间没跟孩子聊天了？为什么先要反思自己，因为你的教育很可能过度了。

我们一定应注意不要给孩子负担过重，无论是实际负担还是心理负担，要注意时时处处保护好孩子积极的心态。如果孩子产生了放弃的心态，这是很恐怖的事情！因此，我们情愿放弃学业上的苛求，也要维护好孩子积极的心态，有积极的心态，才会有积极的学态和生态。在整个孩子学习和成长的进程中，孩子始终有好的心态、学态和生态，是比追求分数、追求财富更有意义、更有价值的事情。

## 谈学习中阳光心态的培养

谈到学习中的阳光心态，我们特别提到“高高兴兴地吃苦耐劳”。有些家长不相信，苦就是苦，谁喜欢苦啊？怎么能做到“高高兴兴地吃苦耐劳”？因为他们缺乏这种体验，所以不相信，所以他们培养孩子的方式就是跟孩子明讲：学习是辛苦的事情，你要把困难咬碎了吞下去。结果很多孩子坚持不下去，因为学习太辛苦，没有乐趣，所以走不远。我告诉他们，这样培养是不行的，他们只看到了事情的一半，还有另一半，学习也可以变成快乐的事情。喜欢上学习了，苦也可以变成乐。那么，怎么培养呢？

第一，早期的时候，家长要利用好“自然而然”。孩子会自然而然地学习说话，自然而然地爱听故事，家长就要衔接孩子的自然，帮助他们养成定时阅读（将来就是定时学习）的习惯。家长要利用好孩子喜欢快乐这一动力源，衔接快乐的情境、氛围，随机组织孩子来做广义的学习活动，在接触学习内容时强化“学习 = 快乐”的印象。家长要利用孩子表现出的主动（哪怕是偶然的主动），通过一次次的衔接去强化他们主动的品质，肯定孩子主动的表现，让他感受到主动付出之后的收获和快乐。

第二，在幼儿园“玩中学习”的学龄前教育过程中，衔接孩子的玩来培养孩子的学习品质。比如通过陪伴孩子的玩引导孩子在快乐中成长、在游戏中学有所获。还可以在接触知识的过程中落实养成好的学习品质，特别是形成学习动力和一定的学习能力，引导孩子自然而然、顺理成章地走向知识学习。一位外公发现外孙主动问起了一个汉字，就同他做了一个约定：“以后你只要问，我都会告诉你，而且我还懂讲汉字的故事呢。”就这样像玩一样，外孙就形成了主动问字的习惯，结果外孙就靠着问字在学龄前就已经认识了五六百个汉字，已经会自己阅读绘本，更重要的是他养成了主动学习的品质。

第三，带领孩子在兴趣勃勃的情绪中逐渐养成勤奋刻苦的品质。孩子变得可以高高兴兴地吃苦耐劳，是在培养的过程中实现的，大致会经历三个发展阶段。阶段一：以苦为乐。明明做着辛苦的事情，却高兴地去做。阶段二：苦中作乐。由于大人会教，孩子学会了享受学习的过程，养成了从每一次的小成功中收获快乐，从每一次的战胜困难收获自信，从每一次的学习收获感受成长，形成以愉悦的或平和的心情完成学习任务。阶段三：化苦为乐。学习的意义感不断加强，快乐感不断积累，获得感不断增多，需要感不断强化，学习完全变成了先苦后甘、苦也不苦、苦也快乐的事情。这就是孩子成长的过程。

第四，孩子逐渐能做到高高兴兴吃苦耐劳，离不开平时的立志教育、意志锤炼、情感培育、习惯训练、方法指点、价值观培养、责任感培养、自信心培养、父母榜样等，这些培养在孩子周围形成了春风化雨、润物无声的综合作用，没有这个综合作用，孩子愿意高高兴兴吃苦耐劳也是不可能的。“三态”的培养也是统一的，培养阳光的心态离开认真的学态和饱满、昂扬的生态培养也是不可能的。所以，形成有综合作用的、有全面育人氛围的家庭教育非常重要。有一位父亲，是一位军人，他很会带动孩子的激情，经常和孩子一起去运动，在操场上，在一种军营的氛围里，就带出了一个做事认真、乐观、斗志昂扬的小伙子。有一次孩子卡在一道数学题上，父亲让他打电话问问同学，结果他反过来教育父亲：“这点困难小菜一碟，我再想一想就战胜了！”这就是我们要培养孩子应该具有的生命状态。

## 男孩子更适合的学习方式

男孩子普遍都好动。有些孩子在小学一二年级的时候，他们的家长会接到班主任的电话，问他们的孩子是不是有多动症，并会建议家长带孩子去医院检查一下，早发现早医治。多数家长当然不会接到这样的电话，但家长自己也发现孩子顽皮多动，注意力不集中，家长会因此非常担忧孩子的学习。当然，如果真是多动症是可以通过专业训练得到帮助的；真有注意力问题也是可以通过一段时间的家长自己的培养训练得到改善的。然而，男孩子还是不会跟女孩子完全一样，男孩子天生好动。

男孩子的好动是有原因的。人的血液里有一种叫作多巴胺的化学成分，它有增加人产生冲动和冒险行为概率的作用。因为男孩子血液中多巴胺含量会比女孩子高，所以，一般也是男孩子会比女孩子显得易冲动、爱冒险，这是男孩子好动的第一个原因。研究发现，男孩子流经小脑的血量也比女孩子要多一些。我们知道人的小脑是控制行为和身体动作的，因为流经小脑的血量多，所以小脑就比较活跃，这是男孩子好动的第二个原因。

我们在教育中应当正视男孩子的这个生理特点。这个特点使男孩子在知识学习的初始阶段会处于不利的地位，因为应试教育特别需要孩子都能够静心和久坐。当然，讲到这里，可能有些人就会为自己的孩子表现不佳找借口，实际上也是为自己的教育不当找借口。如果选择这样的态度，可能会延误我们找到适合男孩子的培养策略和学习方式，对自己的孩子是非常不利的。

男孩子一般坐不久，因此我们就应当训练自己的孩子做作业时就抓紧时间认真做，学习时就学习，玩时就玩，养成注重效率的学习习惯，而不选择磨时间的学习方式。这样做，不仅能适应男孩子好动的学习心理特点，而且也可以把眼前不利的情况转化成为男孩子后来居上的高效的学习能力。

有的男孩子小脑活跃，喜欢动手，因此我们可以因材施教，特别培养他们的动手能力。这样做，一点儿也不会吃亏，反而可以让自己的孩子在发明创造方面独占鳌头。

有的男孩子在运动上可能具有天赋，我们还可以因势利导，引导孩子学会在肢体运动中学习和发展自己，走一条扬长避短之路。

总之，我们应当承认男孩子与女孩子的不同，不耽误男孩子的培养，选用更适合他们的培养策略和学习方式，让自己的男孩子不要陷入“阴盛阳衰”的怪圈。

## 亲子互动游戏

### 托举地球

**作用：**增强平衡感、信任感、勇气。

**时长：**5 分钟。

**玩法：**

孩子双手撑住地板，大人抱住孩子的双脚，让孩子倒立，这时大人对孩子说：“你已经把地球托举起来了，你真棒！”孩子会立即产生相同的感觉。如果让孩子试着单手撑地，孩子会产生莫大的自豪感。

## 如何培养孩子细心

粗心是很多孩子在小学阶段表现出来的毛病。粗心的孩子学习功课依仗小聪明，不求甚解；做作业但求快速，以最快完成为荣，因为他们心里还想着去玩、去看电视；做事情粗枝大叶，不求严谨，他们既不管结果，也不管过程，因为他们没有责任意识；考试、做作业并非不会，但是这里马虎一下，丢个几分，那里大意一下，再丢个几分，加在一起，比不会一道大题丢分还多。小学阶段爸爸妈妈发现了孩子的这一缺点，可产生这缺点的时间其实在前边！这个缺点很难改，有的孩子，而且还是学习不错的孩子，这个缺点竟一直带到了高考！因此，在我们还没有发现孩子有这个缺点的时候，在孩子学前、早教的阶段就应当预防为主、培养在先。请大家按照“长善救失”的教育思路，从小培养孩子细心，细心的品质立起来了，粗心的毛病就不会生长。那么，一些家长会问我，孩子已经有了粗心的毛病怎么办？

（1）只有当自己认识到了这是个严重的问题，自己下狠心要改了，毛病才改得掉。要用大量的事实、惨痛的教训来帮助孩子理解粗心的危害性，促成孩子认识到问题的严重性。

（2）意志力缺乏是我们难改缺点的重要因素。孩子意志品质发展不好，是我们家长的责任！有意识地鼓励孩子磨炼意志，给孩子创造锻炼意志的机会和空间，可以促进孩子改掉缺点。同时，我们应当站在孩子旁边，做孩子意志上的支撑，不断地鼓励、鞭策孩子战胜自我，克服缺点。孩子有了一点点进步，就表扬，就鼓励。

（3）给孩子用一些训练细心的方法，比如我小时候也粗心，有一位体育老师自觉站出来要求训练我们班上的几个同学。一间教室，一排桌椅，每人桌子上放一张报纸，报纸上放一堆猪毛，有三种颜色，黑色、白色、棕色，每人发一把镊子，要求我们不能手拨，只能用镊子夹，按颜色分开三堆。有一次我终于得了第一，举起了双手向老师报告，希望获得表扬。可老师看了一眼，用他的大手把三堆猪毛又拨乱，说了一句“再来一遍”！当时我气得咬牙切齿，但今天我由衷地感谢他！这只是一种训练的方法，家长们可以想出适合自己也适合孩子的训练方法，对孩子加强细心做事的训练。

（4）最重要的是培养孩子的事业心、责任感。要告诉孩子，学习是他自己的事情，决定他的成长和未来，别人都没法替代！自己要想清楚自己想做什么样的人，过什么样的生活，干出什么样的成就，你的价值在哪里。想一想全社会有谁会喜欢一个做事没有责任心的人，会把重要的事情交给一个做事过程粗枝大叶、结果频频出现失误的人？一个高智商的人怎么可能允许自己不断重复同一种低级错误？与孩子讨论，启发孩子觉醒的同时，在家庭生活中，比如家务劳动上锻炼、培养孩子实实在在的责任意识。有了事业心、责任感，粗心的毛病自然就淡化掉了。

（5）跟孩子一起总结做题的经历，具体指点孩子：不要求快，要求效率。效率就是做得又快又好。做题目不能一味地往前赶，有些细节之处应有意做得慢一点，细心一点，好像多花了时间，但从整体看还是快的，而且又快又好。以前做题重要的经验教训，应花些时间牢记住，弄明白，举一反三，变得智慧。

# 怎样培养孩子的自我控制能力

有科研成果表明，一个学生学习上的成功跟两个因素有特别紧密的关联，一个是对自己成长的早觉，另一个就是对自己行为的自控。前者给我们生命的动力和方向，后者把控自己的目标和努力，保证自己去实现。自觉和自控这两个品质一旦形成，对孩子的一生都是有好处的。怎样培养孩子的自我控制能力，我讲一些具体的方法。

（1）家长的教育，话不在多，而在精。要求孩子一定要做到的地方，事后要紧跟检查，狠抓落实，不能说了不做，几天不过问，不做也不问责。讲道理的过程话语可能会说多一些，但归结的话语却一定要精，要有点像令人过目不忘的广告语，让孩子记忆深刻，然后慢慢地体验，并要求孩子不久之后主动汇报体验。

（2）提高孩子的语言表达水平，通过指导孩子写日记来培养孩子的表达能力和认识能力，并且狠抓孩子的“做”，用做来促进孩子的写和想，这样随着孩子逐渐会想来促进他们的自控力提高。

（3）通过培养孩子的时间观念来培养其自我控制能力。从小养成定时做事的习惯，起床、吃饭、大便、玩、学习等都养成定时来做，久而久之，习惯成自然，这样无形中自控力就提高了。

（4）在家庭生活中，父母要自觉发挥榜样的示范作用，还可以利用孩子好朋友的正向示范作用。

（5）引导孩子在重视自控下成功做事，将完成事情的目的性和愉悦的体验同自我控制的能力联系起来，这样有助于提高孩子获得控制自我的效能感，以提高其自控力。

（6）引导孩子主动投身锻炼意志品质的军体活动。随着孩子意志力水平的提高，其自我控制的能力也会得到相应的提高。

（7）对孩子的进步，及时地给予表扬、鼓励，不断地用新的目标来引领孩子继续进步。

亲子互动游戏

### 接受采访游戏

**作用：**提高孩子的思维能力和表达能力。

**时长：**5~10 分钟。

**玩法：**

首先，设定游戏情境，如果孩子喜欢跑步，就假设孩子是田径明星，父母是采访记者，提的问题由浅入深，或根据孩子的年龄调整问题的难易程度。类似的角色扮演游戏还有“过家家”“老鹰抓小鸡”等。

## 引导孩子快乐学习的6个方法

方法1：引导孩子将学习变成探究

探究就是要问为什么，甚至多问几个为什么，然后想办法回答，比如可以通过查阅图书、上网搜寻、讨论、请教、科学实验，把问题搞明白。它符合孩子打破砂锅问到底的心理特征。如果通过这个过程孩子最后找到了答案，他会收获成就感，满足成功欲。通过这种学习，孩子还可以认识到书籍的用处，学会正面使用网络，学会合作共赢，学会向年长者学习，学会动手解决问题。

方法2：关心和指点孩子的交友，引导其将竞争变成伙伴之间的合作和竞赛

这种合作共赢，能让孩子收获友谊，收获成功，艰苦的拼搏变成交往的快乐。许多家长朋友感到这个方式容易使用，使用后效果明显。

方法3：鼓励孩子带着挑战心理质疑老师

带着这种挑战心理来学习，会使学习生活变得非常快乐，而且自己对学习的钻研也会因此变得越来越有深度。

### 方法 4：教会孩子养成与人讨论的习惯

讨论是一种非常好的学习习惯，而且在国际社会被总结为是培养创新人才的一种方式。讨论可以让人激发创意，让积极参与者的大脑高度兴奋。很多好的思维结果和方案就是由此产生的。

我们应当培养孩子从小爱讨论，养成把自己思考过的某些问题，代表自己思维深入过程的一系列问题，或者自己一个初步的创意方案，拿出来与自己的学友、师长民主地讨论，讨论后自己接着进行思维的合成、补充、完善。这不仅可以提高自己的学习成绩，而且培养了自己的民主性思维，学会吸纳别人意见中合理的内核，帮助自己逐渐形成十分有利于事业发展的朋友圈子。

### 方法 5：引导孩子热爱边动脑、边动手去实践

物理也好，化学也好，都是实验科学。要想学好，就要动手，就要实践。实践的过程，学生们都是很快乐的。因此，我们要善于把学习的过程变成动脑动手去实践的过程。数学可以实践，就是用数学的方法去解决生活中的问题。文科也可以实践，比如作文，尝试着写一种新文体，尝试着去表述一种自己特别想写的东西。动手去做自己想做的与学习相关的事情，可以让学习生活变得快乐无比。

### 方法 6：教孩子学会收获和分享

现在网络上自由发表作品的平台，如博客、QQ 空间、微信朋友圈，哪一样不是在收获也在分享？家长完全可以引导孩子巧妙地将它变成一种学习方式，在收获与分享的快乐中促进学习。

## 引导孩子主动学习的5个方法

方法1：激发和指点孩子掌握“智鸟先飞”的预习

聪明人一定会懂得，学习要取得主动，一定要“先飞”，一定要预习。

预习，就是养成习惯提前将老师准备讲到的内容自己先学习一遍，总有一些是自己可以理解的，也会有一些是自己看不懂的。看不懂的地方，听课时一定要格外仔细听老师讲解。如果还是迷迷糊糊，下课后一定要追着问老师，直到弄懂为止。

预习是把时间花在前面，就不再需要在后面花很多的时间去补，而且还不一定补得回来。

方法2：点拨和培养孩子做作业和复习比别人早启动、快启动

有的孩子总是习惯于不到最后不做事，这就使自己很被动。要让自己变得主动，就必须养成先把事情做完做好的习惯，情愿准备好了等时间的来到。作业完成了，孩子就可以去做别的事，可以去锻炼、去玩，心里也踏实。考试之前，孩子早已复习好了，就可以带着自信、平和的心态走进考场。

方法 3：教育孩子时刻准备好去迎接挑战和机遇

机会属于有准备的人。懂得了这个道理就是增长了一种智慧。中国的孩子很多，人才很多，准备得好，才能占据有利的地位。

方法 4：鼓励孩子冲到前面去，占据主动的位置

一些孩子，在家长的调教下，心理会早熟一些，较早就会想自己的前途。当另外一些孩子还懵懵懂懂、玩心十足时，这些孩子就在学习和多方面冲到前面去了。冲到前面去，就占据了主动的位置，自信心就会倍增，学习就会感到轻松和快乐。

方法 5：教孩子不要自私，应学习永远去帮助别人、带动别人

这样做，不仅孩子的学业会进步，让他自己在不断帮人的过程中发现不足、熟能生巧，也让他占据主动的位置，而且道德也会提升，会感到“赠人玫瑰，手有余香”。

## 教孩子智慧学习的17个方法

方法1：做一个喜欢研究方法的人，找到适合自己的学科学习的方法

聪明人学习是讲方法的，会用适合的方法来学习，就能取得学习的高效。不仅勤能补拙，“道（方法）”亦可补拙。掌握了学科的学习规律和科学的学习方法，找到了适合自己的学法，学习就可以开窍，就可以入门。

方法2：帮助孩子认识到，玩只是学习间隙大脑的休息

人的大脑是自然界的一个最伟大的发明，是我们身上最宝贵的东西。因此，我们要发展好它，运用好它，保护好它。学生以学为主。用功学习是发展它；用脑思维、用我们头脑里储备的知识工作是运用它；睡眠、运动、休闲、游戏都是保护它。发展它、运用它是头等紧要的，不发展它，不运用它，也就谈不上保护它。

发展它，运用它，保护它，都有一个科学的问题、健康的问题。将玩看作只是学习间隙大脑的一种休息，就是注重了健康，也注意到了学业与玩的关系。把玩处理为休息，通过休息达到大脑的整理，休整之后的大脑可以产生更高的学习效率。智慧学习的人，对待学业和玩，不会本末倒置，不会背本趋末。

方法 3：让孩子学会快读、快写、快算、快记，专注而高效地做事

学习的聪明人，不会做着学习的事，想着其他的事，他们一定会专注在学习的事情上。专注，可以让我们提高听课的效率，减少课后的大量加班加点；专注，可以提高我们完成作业的效率，使作业真正产生复习、巩固、应用知识的效果；专注，可以加快我们复习的进度，提高复习的效果，使复习真正帮助我们取得考测的好成绩。总之，专注可以影响我们听、说、读、思、写、算、记、做等学习行为，影响这些学习行为的效果。

方法 4：创造机会锻炼孩子学会看到文字背后的东西

没教会孩子思索，他们就不会真的懂。因此，你要经常教孩子看到文字后面的东西，引导孩子接着思索，训练他们学会展开思维，展开想象，来发现和补充文字后面的空间；引导他们学会深入思考，培养他们的问题意识，随着一个个深入的问题去想；教他们去寻找自己与书上文字对等的表达方式，让他们试着用自己的理解去分析、解决实际问题，接受实践的考验，这样来不断提升孩子学习和思维的水平。

方法 5：点醒孩子理科也需要记忆

比如，我们要学好数学，要提高自己运算的速度，有一个快算的方法，就是要记住、记熟一些数学材料，一看数学式就知结果，不需要运算过程，像条件反射一样，这样运算速度就上来了。因此，聪明人要懂得利用记忆力来学习。

方法 6：启发孩子学会化整为零地去思考、去背记

实际上智慧地学习要善于找零碎的时间来背东西。你不要看好像每次只

记下了一点儿东西，但积少成多，累石成山。背记是这样，思考也是这样，不要去等待大块时间，就养成随时随地思考的习惯便很好。

方法 7：指导孩子养成观察生活、体悟生活的习惯

一些孩子总感到写作文比较困难，主要是因为“肚里空”。所以我们应指导孩子养成观察生活、体悟生活的习惯。随时随地注意周围生活中的人和事，留意自然景致、社会环境，同时思索要跟上，对生活没有思索就没有敏感的发现，就记不住生活素材。

方法 8：培养孩子学会立体思维，学会思维的发散和综合

比如，教会孩子掌握从与同学的比较中认识自己、从自己与自己的比较中认识自己、从自己做事和学习的方法高下上认识自己；教会孩子养成思考习惯，从是非、利弊和境界、水平高下上走过思维过程等。这样做，有利于孩子形成良好的思维，有利于学习，也有利于孩子成为创新人才。

方法 9：教会孩子学会怎样与别人讨论

这是一种创新人才常用的方法，在讨论的过程中激发自己的思索，启发自己的思路，汲取别人思维的合理内核，让思维与思维发生碰撞、融合、产生新创意。

方法 10：点拨孩子学会“偷学”与“悄悄地改”

偷偷地学习周围人的长处，哪怕每个人只学一点，那就了不得了！敏感地、及时地发现自己的问题，当别人还没意识到时，自己已经改掉了。学会

这两种做法，才是真正的聪明人。

方法 11：教孩子学会总结知识

总结知识非常重要，一段时间就应当做一次。自己梳理一个清晰的脉络，或者搭建一个合理的结构。

方法 12：身体力行地教孩子学会民主，学会做方案

年轻人一定要比上一辈人民主，要立这个志。要学会真正的民主，必须修炼自己，让自己懂得尊重，学会大度，要善于冷静地从不同意见甚至是反对意见中吸收合理内核，真正让自己像个现代文明人。孩子不见得完全同意别人的意见，但他可以接着别人的意见去深入思考，他可以综合多种意见产生新方案。这种思维方式是非常有利于自己进步的。

方法 13：引导孩子学会用网络来学习

尽量少用甚至不用网络玩游戏，而把网络不可比拟的正面功能淋漓尽致地发挥在学习方面。

方法 14：指点孩子学会向过来人请教

现在很多孩子不愿意跟过来人学习，动不动就一句“代沟”，这样就放弃了很多可以借鉴他人经验的机会。善于借鉴过来人的经验，特别是成功者的经验，非常重要。这才是真正的智慧。

方法 15：点拨孩子强化知识学习的第一印象

对知识学习的第一印象一定要做到认识清晰、准确、理解深入、会区别、会用，其实不同孩子的学习效果不同，由于各种各样的原因造成的不同就在这里。

第一印象建立得好，后面就省时间，而且效果好。现在一些孩子不把精力放在前面预习、听课上，而是后面用了很多时间去补，这样学习是不对的，这是本末倒置，得不偿失，是低效率学习。

方法 16：指点孩子注意反思错题

一般来说，人们能够顺利解决的问题，下次再遇上也还是能够顺利地解决；而解决不顺利的问题，下次遇上也还是会出现解决不顺利的情况。因此，我们要特别注意出现错题之后的纠错、反思、总结，要强化对错误的印象和克服错误办法的印象，这样才能避免重复错误。

方法 17：引导孩子与适合的学友采取“合作共赢”的复习法

这是一种小组复习的办法。几个要好的同学，采取“你问我、我问你，你讲给我听、我讲给你听”的方式来复习，这样很容易达到熟练，取得共赢的效果。

# 第七章

# 父母需要学习和修养

家庭教育不仅是我们对孩子的教育，孩子的出生让父母发生了生命中的二次成长，我们应该感谢自己的孩子，应该抓紧这一次再成长的机会，让自己的生命品质有一次新的升华。父母需要不断地学习和修养，才能让自己与时俱进。教育观念的更新、教育智慧的提升、教育方法的科学、教育威信的保持、父母自我的修养等，都应该是父母们全面的追求行动。家庭教育看似是教育孩子，实质是教育家长，是家长的自我教育；看似是铺垫孩子的命运，实质是家长以身立教带着孩子一起继续家庭命运的铺就。从这个角度看，父母今天对自我学习和修养的态度，就预示着孩子的未来！

## 为什么对孩子的家庭教育必须家长亲自做

有一次一位爸爸感到非常困惑，他对我说：“我是真重教的，孩子从小我就精心地培养他，参加早教班、兴趣班，请老师辅导他，花了我不少钱，可不知为什么孩子就是不成器，请老师指点我。”我问他：“你自己做过什么亲自的培养？”他告诉我他很忙，都是委托别人帮忙了。我对他说：“你的问题就在这里了。”

家庭教育的责任在父母，我们再忙也不能产生可以完全委托出去的想法，特别是孩子还小的时候，我们必须亲自做培养教育。你们看上面这个典型的例子，这位父亲虽然很重教，钱也花了不少，但他没有潜下心来亲自培养，结果孩子就很难成器。家庭教育是孩子享受着父母的直接的爱和培养成长起来的过程，这是学校教育、机构教育所不能代替的，或者说其他教育力量只能配合家庭的力量与之形成合力作用在孩子身上。因此，家长一定要丢掉依赖的幻想，自觉担当起家庭教育的责任，你只能在立足于自身责任的基础上去依靠和利用其他教育力量，而不能在孩子还幼小的时候把自己该做、可以做的责任花钱完全委托出去。

家庭培养孩子所用的委托，是随着孩子的成长逐渐扩大程度的，但无论这种委托的程度如何扩大，父母的家庭教育的责任实际上是不会改变的。有改变的只应该是家庭教育的方式、方法，比如婴儿阶段家长会侧重保育、保教结合，幼儿阶段家长会侧重自己的主导教育，少年阶段家长会侧重孩子主体性的发展，然后逐步扩大孩子的自我教育，家长会越来越表现得民主，这样帮助孩子更好地步入青春期。然而，无论家长在态度、方法上怎样调适，负责的家长都会负责到底的。

为什么我要向家长传授科学育人的知识，而不是跳过家长去代替大家直接帮助和培养孩子呢？如果有做教育的人代替你，你不是很省力？我也省了一个培训家长的步骤。可是，家庭教育的作用实在是不可替代的，学校教育、机构教育不可能包办。对一些家庭教育上特殊的需求，我们也是只能先直接培养家长，提高家长，然后再给予孩子一定的专业上的帮助。同是为了解决一个教育的问题，我们在培养家长时所讲的内容、所用的语言表达和方式、方法，当我们面对孩子时可能都会有所不同。这是因为教育的对象变了，教的方法也一定要变，教的方法一定是跟着学习主体走的，学习的主体怎么学得好，老师就要怎么教。我们做老师的都懂得备课要“备学生”，也是基于这个道理。比如家长在我们这里学到的东西，你也不可能原封不动地完全照搬给孩子，肯定需要自己消化了再灵活而有针对地用在孩子身上。是不是这样？你如果非要直接把应当自己学习的家庭教育内容简单化地丢给孩子学习，以为不用通过自己这个中间环节，那就错了！

过去曾经有过这样的典型案例，一位母亲把作者写给家长读的书直接拿给孩子学习，告诉孩子：“你把这本书读好了，你就进步了！”刚开始，看到孩子看得很认真，她还很高兴，结果不久她就发现孩子好像已经把自己看穿了，多了许多对付自己的办法。办法从哪里来的？就是从那本书里“钻研”出来的！教育者需要的是自身水平的提高，是自己教育智慧的增加，这样才能获得教育的威信。父母有时是需要在孩子面前增加一点“神秘感”的，让孩子突然发现父母有了很大的改变，本领提高了，这样孩子才钦佩你，崇拜你，你的教育也就灵验了。如果我们家长就那么点“料”，东西又不是自己的，都是现学现卖、照本宣科，那孩子就会治住你，哪会听你的？

然而，一些家长总想着花些钱把孩子的教育委托出去，给自己省些力，让人家直接帮助自己培养孩子，因此教育市场上就应运而生了某些替家长培训孩子的项目，这叫“周瑜打黄盖，一个愿打一个愿挨”。但如果用“代培”代替了家庭教育，那结果往往是得不偿失的。

## 改变从父母的学习和修养开始

很多家长都熟悉素质教育中“与孩子共同成长”这个口号，然而，什么是共同成长，为什么一定要共同成长，怎样做才能有共同成长，我们认真而仔细地想过吗？

人类在这个世界上是一个比较特殊的动物群体，其他动物出生一段时间后就停止成长了，但人类却需要一辈子学习、一辈子成长。父母同孩子是一个生命互动的关系，孩子模仿父母，父母需要给孩子做好的表率；父母如果不能保护住自己在孩子心目中的教育权威，家庭教育就会失灵；孩子的成长无意中促进了父母的继续成长；父母自觉地学习成长，自觉地与时俱进，提高了自己在孩子心目中的地位，提高了家庭教育水平；孩子的优秀，让父母心情开朗，以子女为荣，促进了家庭品质的升华。大家想想是不是这样一种互动关系？

从我们教育的眼光看，命运的基因源自于家庭文化的基因。我为什么这样说呢？有人做过对初中“学困生”和他们家庭的调查研究，很明显地看到了两者之间的因果关系。

（1）文化程度之因。父母一般文化程度都较低，既没有传统教育的底蕴，也缺乏现代教育的修养。

（2）学习氛围之因。家里面缺乏学习的氛围，很多时候父母在打麻将、玩智能手机、酗酒、吵架，极少读书看报。

（3）情商状态之因。亲子关系不良、父母的情绪状态不佳、父母的感情关系不好。

（4）教育水平之因。父母很少学习家庭教育知识，教育行为容易偏颇、对孩子责任心不够、没有教育方法、自身的表率不够好。

从以上四个文化基因来看，孩子分化为“学困生”不是无缘无故的。家长要想预防或转变自己孩子的后进状态，主观上加强家庭教育是一回事，客观上切实加强家庭里面四个文化基因的建设是更为紧要的大事情。

因此，我要明确地告诉大家：改变命运从父母开始！家庭里的文化基因是可以一代一代传下去的。父母是凭什么来进行家庭教育的呢？决定父母教育水平的，是父母自己的教育经历和父母对教育的认识以及对自身成长的态度，是父母积累起来的知识和能力（包括重要的学习能力），而不是单纯的育人愿望。如果父母的水平可以提高孩子的水平，那就是下一代的福气；如果父母的水平压低了孩子的水平，那就是给下一代制造困难。这大概就是以教育的眼光看命运。是谁在铺垫着孩子的命运？是谁在决定着家族的命运？是父母这一代人家庭教育的水平！是父母这一代人以家风和家训为核心的家庭文化！总之，是父母这一代人在成就或局限着下一代的命运。

传什么样的品质给下一代，非常重要。许多时候，父母一不留神就把一个坏毛病给了孩子，这种教育叫无意教育，孩子得到的是默会影响。这是特别可怕的。有这么一对父母，妈妈是公务员，从小在优越的家庭环境中生活，爸爸相对比较贫困，两人组建家庭后，这位妈妈很难适应清贫的日子。夫妻经常为了钱在孩子面前吵，爸爸认为这样对孩子影响不好，两个人都是挣工资的，比富起来的人肯定不行，但在社会上并不算穷困的，为什么不能把幸福的一面呈现给孩子呢？可是两个人的意见统一不起来。虽然后来爸爸给孩子做了许多弥补工作，但是许多年以后，孩子有了自己的家庭，发生的问题竟然同原生家庭完全一样！这是遗传吗？不是，这就是家庭文化基因的传染。我们今天的家庭教育，决定着孩子未来的幸福。

家庭教育，可以做得很辛苦，也可以做得一顺百顺。把家庭教育说得简单一点，就是夫妻过好幸福的日子，爸爸妈妈为孩子做出好表率。一些爸爸妈妈也想把孩子培养好，但自己无耐心，脾气不好，又不爱学习改进，你让孩子怎么上进？

孩子命运的改变从父母开始，父母命运的改变从提高自身学习和修养开始。我退休以后就让年轻人帮注册了一个 QQ 账号，多年来为家长学习科学育人提供一个学习的空间。进来的家长朋友越来越多，一批家长长期积极学习，学得多了发现自己自然而然地进步了，家庭教育的水平也自然而然地提高了，孩子和自己的关系越来越好，孩子出现了可喜的大变化。这就是学习和修养带来的好处，春风化雨，悄然变化。

可是，我也看到有另外一批家长，他们自己不爱学习，但却会要求孩子，当孩子做不好，这些家长就把发火、训人当作家常便饭，硬是把好端端一个孩子教成了一个封闭心灵的孩子，叛逆的孩子，而他们自己依然不晓得要改变自己。难道改变自己就真的那么难吗？他们有时候暴露出来竟情愿放弃孩子，也不愿意改变自己。放弃孩子便是放弃自己的责任，放弃自己的幸福，放弃孩子的未来！我真是不能理解，这是一种怎样的价值观呢？其实他们只要沉下心来开始学习，良好的变化就一定会慢慢地开始。学习家庭教育的知识，也并不是难于上青天的事情。父母可以特别针对自己的需要来选择内容学习，也可以特别针对孩子的需要来选择内容学习。父母还可以按照孩子发展的阶段，把属于该阶段的内容比较系统地进行学习。父母在学习中应该特别注重掌握规律性的东西，在这个基础上再注重多学习一些方法。教育孩子“教无定法”，没有可以生搬硬套的方法，因此你必须不断尝试，找到适合孩子的方式方法，这是特别紧要的。学习，并不是特别难的事。但一定要讲究点学法，不动脑筋地学是不行的，是会打瞌睡的。学习一定要边看边想，联系实际、联系自己去想。学习是一个阅读、思考、尝试、总结、修正的反复过程。通过学习和实践，反思到自己的不足，然后加以改善，达到提高，这就是修养。比如，发现自己脾气不好，忍不住，每次冲孩子发完火，自己也后悔，怎么办呢？是有专门帮助我们制怒的方法的。我们就去找来学习，然后去兑现实践，逐渐找到适合自己的方法，逐渐改掉自己的坏毛病，孩子也发现了我们的变化，开始重新又愿意跟我们沟通了。这个过程就是修养。只有我们自己想改变自己，只要我们自己下决心，学习和修养都是可以做到的。当我们自己有了良好的变化，孩子的进步就显现了。

## 将乒乓球反弹到桶里

**作用：**培养专注力、挑战精神，增加成就感。

**时长：**10 分钟。

**玩法：**

准备好乒乓球、塑料桶（也可用纸箱代替），在地板上画投掷线，将桶置于投掷线前 1 米处。站在投掷线上把乒乓球扔向地板，利用反弹力弹入桶内。

## 教育需要预见性

我们在教育上需要有预见性，或者说需要有预见能力。什么是教育的预见性呢？讲得通俗一点儿，就是我们常常说的“若有前因，则必有后果”，或者反过来说“有了后果，则必有前因”。在教育中，存在着一种因果联系。用老百姓的话说，就是“播什么种子，结什么果”。我们强调教育的预见性，就是要求我们大人能够学会判断自己今天对孩子的一种态度、一种行为，将会导致明天孩子身上产生怎样的结果。

一位母亲，她很疼爱自己的孩子，知道孩子爱吃“黑森林”蛋糕。傍晚下班的时候，她就给孩子带回来一块。孩子很懂事，把蛋糕一分为三。用小手托着一份蛋糕，小心翼翼地送去给妈妈，说道：“妈妈，你吃蛋糕。”妈妈当时正在厨房里干活。你们知道，中国妇女不容易，又要上班，又要做许多家务。人累了，就会烦。那天，孩子高高兴兴进厨房，结果被妈妈狠狠骂了一顿：“吃吃吃，吃什么吃！买回来就是给你吃的嘛，你爱吃妈妈就高兴啦，还用什么装模作样！”孩子眼眶里含着眼泪，又托着那份蛋糕返回了屋里。这时，爸爸采取了另外一种态度。爸爸接过了那份蛋糕，对女儿说：“你看妈妈多疼女儿，知道女儿爱吃‘黑森林’，特地买回来。女儿也疼妈妈，送去给妈妈吃。可是妈妈这会儿正忙，到晚上等妈妈闲下来，再送去给妈妈吃好吗？”然后父亲就与女儿一起分享起蛋糕，女儿又笑了。这件事过去好多年，一天孩子妈妈突然问孩子爸爸：“怎么每次买好吃的总是我给女儿买，可是女儿总是问你吃不吃，却从不问我，怎么回事？”

那么，到底是怎么回事呢？原因其实很简单，就是这个妈妈她不愿意同女儿分享，那么，给女儿的印象就是她不需要；而爸爸每一次都愿意同女儿分享，女儿和爸爸每一次也都一起分享着天伦之乐，因此这种分享的方式就一直继续着。这不正是“种瓜得瓜，种豆得豆”吗？问题是我们往往总要等后果明显了，再去找原因，这就增加了教育的难度。所以，我们一定要提高自己教育的预见性，也就是前面种因时就要知道后面结什么果，如果对孩子的明天不利，就不要那么去做，要永远朝着有利于孩子明天的方向去做。有这么一所学校叫“明天学校”，这个名字起得好。其实，我们的教育就是“为了明天，做好今天”。

其实，提高自己的教育预见性也并不难，就是要树立正确的教育价值观。比如有些父母自己受过苦，总怕再苦了孩子。可是我们想过吗？是先苦后甜好，还是先甜后苦好？有了好日子，还要不要吃苦的精神？还有，因为我们自己有许多理想未能实现，就总想让孩子去实现。可是我们想过吗？孩子也是一个独立的生命，他有没有自己的理想？因为竞争激烈，我们总想让孩子冲到前头去，就压着孩子学。可是我们想过吗？孩子怎么才能学得好？学得有兴致？学得有后劲？学得聪明？因为现在什么都靠考，我们就希望孩子从小有个高分数。可是我们想过吗？孩子的兴趣在哪？优势在哪？支撑学习成绩的素质在哪？有没有比分数更重要的东西？这些问题，都是为了引发我们有更深入的思考，从而获得正确的教育价值观。

正确的价值观，可以帮助我们明白自己的教育不是仅对孩子的眼前有利，更重要的是对孩子的长远有利；不是拱手给孩子一个富日子，而是通过锻炼给孩子一种创造富日子的自立自强的生存能力；不是送给孩子一个理想，而是培养孩子形成自己的理想并为之奋斗；不是强制孩子去做什么、不做什么，而是从小培养孩子懂得并习惯去做好的、有利的、高明的事情，并得到快乐；大人累死累活地压着孩子去学，而是需要从小培养孩子有一个正确的发展方向和学习的兴趣、习惯与内动力；不是逼孩子依靠笨学去达到好成绩的，而是从小引导孩子掌握学习的规律，体悟学习的经验，研究学习的方法，练习双脑并用、手脑双挥，走乐学、勤学、巧学之路，让孩子顺利成长；也不是仅仅注重孩子的书本学习，而是同时注重孩子的能力提高、德行提高，让孩子达到基础厚实、个性鲜明、发展协调、富于创思，明天有一个好的持续发展。

## 再忙也要自己带孩子

再忙也要自己带孩子。这是我有了孩子之后的决心，但守住这个决心不容易。当时，我的妻子还没有调回南宁市，一个男人带孩子可想而知会有多难！但我跟妻子说再难也不要把责任推给老人。我是搞教育的，我知道隔代教育容易造成对孩子溺爱，把孩子放在自己身边从小积累起来的感情是牢不可破的，而教育特别需要这个基础。现在回忆起来，那段光阴的确是相当辛苦的，工作领导不给减，自己还要继续提高学历；雇的小保姆极其不稳定，幸而邻居的阿姨热情帮忙。那时我住在学校里，在教室、办公室和家组成的三角形上来回快跑，我不在家的时候，阿姨就帮助照看一下。孩子长大了，我掉了15公斤肉。辛苦不辛苦？当然辛苦，但浓浓的亲情早已经淹没了任何辛苦的感觉。

现在一些爸爸妈妈推说自己忙，情愿把孩子推给老人，推给学校，推给托管，可是谁不忙呢？这里有一个教育价值观的问题。像我是情愿自己辛苦，自己再累也不能让孩子在自己手里失去了好的前途啊！可是，有的爸爸妈妈却不管孩子，情愿看着孩子不上进，每况愈下，还说“我们孩子就想做个普通人”，但是后进状态怎么能说是普通人？这就反映出两种根本不同的教育价值观，一种是觉得为自己的孩子累得值，他们对培养的结果负责，为了孩子有一个利好的发展虚心学习科学育人的知识，不懂就问，千方百计跟学校紧密配合，自己则悉心培养；另一种是不愿意全心全意投力在孩子身上，他们认为对于自己有更重要的事情做，反正他们有的是推脱之词，至于孩子不成器可以推给老师，推给社会，自己倒也心安理得。

不同的教育价值观，不同的责任感，不同的态度，不同的投入，造就出不同的孩子。有些家长喜欢讲面子，教育过程可以不管，教育结果可以不管，但自己的面子是一定要管的，因此他们喜欢攀比孩子，自己的孩子学习和表现不行，那就炫富，炫地位，炫牛气，这样真是害了孩子。其实，不用比孩子，比比自己就比倒了。天下孩子如同树上的绿叶，各有各的不同，但所有孩子说到差距有一点却是共同的，好是父母的教养，不好也是父母的教养。

《三字经》里有这样一句："养不教，父之过。"现在有些父亲的行为把这句话改成了"子不教，母之过"，他们不参与家庭教育，搬出"男主外，女主内"，说自己在忙着挣钱，孩子的教育主要是母亲的责任。其实母亲也在工作，但又要带小孩。这些父亲虽然不管孩子，却要保持着埋怨孩子母亲的权力。这样做是不对的，也不是我们的传统。我们的传统是生养孩子就要教育孩子，只管生养而不管教育，那就是父母的过失！家庭教养，养好孩子虽然是基础，但教好孩子是更重要的事情。母亲是在养的方面多做一些，在教的方面就需要父母共同做好。在家庭教育中，父亲和母亲的作用是不同的，只有互相补益才是完美无缺的。父亲退出了教育的责任，把教育孩子的责任完全压在母亲的肩上，有的母亲承受不住心理压力，脾气变得越来越不好，培养孩子变成了"发火教育"，在孩子的眼里，往日的慈母演变成"恶母"，家庭教育中需要的严慈相济的平衡被打破了，所以今天的许多家庭教育老是搞不好。

中国有一句传播很广的话：再穷也不能穷孩子。有一位母亲就是受了这句话的影响，因为自己当时在创业，生活很艰苦，所以就把孩子托付给了孩子外婆，心想孩子可以过得好一些。但是当自己创业成功，生活好了，把孩子接回来的时候，孩子对自己就像陌生人，非常冷淡，还不时闹离家出走。孩子同妈妈失去了感情基础，妈妈对孩子的教育变得异常艰难。妈妈最后总结道，如果自己当初把孩子留在身边，日子虽然苦，但孩子的命运就会跟自己拴在一起，情感也系在一起，孩子就会变得非常懂事。她已经认识到她当初做出了一个教育上的重大失误。前人之鉴，后人之师啊！

在一个金钱的社会，人们都或多或少地看重了钱的作用。有些家长竟以为钱可以代替自己的爱，可以代替自己的教育。有这样一位父亲，忙着挣钱，也重教，但极少付出时间、空间和精力给孩子。他赚了好多钱，其中不少就投在了孩子的培养上。孩子从小就接受早教，多种多样的兴趣班，请最好的家教，但他却发现孩子越来越不爱学习，什么兴致也没有，成绩日渐下滑，他一片茫然。这个典型的案例告诉我们：家庭教育是不能完全委托出去的。家庭教育是其他任何教育不可代替的自然亲情互动、亲子生命互动和家庭人境互动，是家人给孩子培根奠基的独特的教育活动。其他任何教育都是借助这个基础，帮助你的孩子尽可能利好地成长。你提供的基础不好，你与其他教育作用力合作得不好，就会制约和影响你的孩子有更好的发展。家长的教育责任推是推不掉的，你推卸，吃亏的只有你自己、你的孩子和你的家庭。你在拿你自己晚年的天伦之乐做牺牲，在拿你孩子一生的命运做牺牲，在拿你全家人的幸福做牺牲！

## 家庭教育常常出错的地方

一位家长朋友经过很长一段家庭教育的磨难之后问我，家长的失误常常出现在哪。我夸她这问题提得好。

家庭教育常常出错的地方主要有哪些呢?

### 1. 以溺爱的态度迁就或包办、代替

总是在眼前迁就孩子，而丧失了原则；或是什么都包办，老认为教孩子做不如自己动手，以为自己替孩子做是对孩子的爱；或是经常代替孩子选择，因而忽略了孩子价值观和思维能力的培养，等等。

### 2. 用知识教育冲击奠基教育

一种表现是重视智育而忽视德育，其实培养孩子首先应该是德育的奠基。在社会竞争中小赢靠“术”，大赢则靠“德”。比如我们最容易忽略的就是从小不培养孩子节制的品质、规则意识和秩序意识，结果孩子成年后因为欲望的膨胀、缺乏自律与法律意识，而从人生的高点上狠狠跌落。这样的教训很多，主要原因就是社会风气中节制品质和自律能力严重缺失。

另一种表现是在智育培养中重视知识本身而忽略学习品质的奠基，导致一些孩子因为没有良好的学习习惯而没有办法进入学生角色，没有学习兴趣、没有报国志向，从而在学习生活中根本没有动力，没有学习必需的专注品质和定

力，根本没有办法坐下来听课，等等，这些表现都说明了人生奠基的重要性。家庭给孩子的奠基教育好，哪怕孩子刚开始发展慢一些，但持续发展都是好的，整体发展都是好的。

### 3. 以情绪化教育代替理智的教育

刚开始看着孩子一切都好，后面变成天天批评孩子，孩子变得一无是处，结果孩子破罐破摔，与家长完全对立起来，家庭教育陷入僵局。实际上家长的爱要上升，不能总停留在陶醉和“恨铁不成钢”上，而应多学点爱的教育智慧。智慧远比情绪化管用得多！

### 4. 忽略了全面的生命力培养

请家长朋友深思一下，我们培养孩子只是为了他们能考试吗？只是为了他们能活着吗？难道不是为了他们比我们活得更好，活得更幸福？可怎么样才能活得更好，才能幸福呢？我们是不可能代替孩子去奋斗的，是不可能替他们去创造未来生活的，他们需要具有赤诚和大爱的情怀与做人做事的德智，需要具有自爱自律、自立自强的精神和能力，需要具有适应环境和能动地改变环境的能力，需要具有发展自己的学习能力（包括考试能力）、反思能力（包括改变自己）和文明交往的能力，需要具有健康的体魄、生活的能力和幸福的能力，没有这些全面的生命力，我们有什么理由相信孩子的未来是美好的？孩子又有什么理由相信自己的未来是美好的？

**杨老师寄语**

家庭教育有一条规律就是亲子之间生命的互动，互动得越好，家庭教育的效果越好。家庭教育培养孩子，一是培养方向，二是培养生命的状态。父母需要燃烧自己生命的能量，就是以一种最佳的、饱满的、热情的（甚至激情的）状态，来带动自己孩子的生命状态。

## 有哪些好习惯是孩子受用一生的

好习惯成就好人生，这是因为习惯形成一个人的性格，而性格决定一个人的命运。因此，养成好习惯是人生的奠基，属于孩子“根部的培养”。但是，影响孩子一生的好习惯很多，不是说这些习惯都是在3岁前养成，3岁前只是培养好习惯的开始，3岁后要继续培养，6岁前要培养出一个好的雏形，整个小学阶段养成好习惯的教育工作都是主业。培养好习惯，形成的时间不能过长、拖沓，形成之后巩固的时间要长一些，保证好习惯上身留住。培养好习惯，不能靠说教和要求，更不能靠情绪倾泻，而要靠第一回就要进入正确轨道，靠严格的训练、奖惩制度，特别是父母的坚持力。那么，家长朋友们，你们知道有哪些好习惯是孩子受用一生的吗？

### 1. 早睡早起的习惯

现在的爸爸妈妈自己也都养成了晚上晚睡、早上晚起的不良习惯，因此并不重视给孩子养成早睡早起的好习惯。我记得过去我母亲总是起得很早，给我们几个上学的兄弟姐妹准备好早点。我们也起得很早，每天都是在家里面吃了早点，然后就去上学。这样做的好处是，母亲和孩子间每天早上都有一篇共同完成的“家庭作业”——温情交流，孩子们体会着母亲的辛劳，也学会了怎么样做大人，母亲通过劳作传递着爱，儿女通过清晨问候也同样传递着爱。我们那时不闹什么严重的逆反，兄弟姐妹几个都非常听母亲的话。

母亲注重培养我们从小就早睡早起。早睡让我们养成了非常注意自己在晚修时间内的学习效率，因为后面没有时间可以给我们“磨”。早睡又保证了我们的休息，让我们第二天有足够的精力迎接新的任务。早睡的习惯养成了，延续到了今天，让我们都有了良好的睡眠习惯，没有多数人都有的睡眠问题。

早起的习惯，也让我们收获了许多的好处。睡到自然醒的早起，让我们一清早头脑就清醒，人的整个状态就精神抖擞。学生时代，早起之后我们锻炼身体、背外语单词；工作之后，我每天清晨坚持写 1 个小时文章。在别人还在睡觉的时候，我们就已经开始做事，让我真正体会到人与人的差异，往往并不在白天共同的时间里，而是在于那些其他的时间里。

早睡早起的习惯，可以让孩子们真正体会和落实“一日之计在于晨”的古训。

### 2. 早晚问候的习惯

为了促进孩子更好地走向独立，我较早地就给孩子分床了。分床后，让她独立睡前，我总是要去小床那看看她，亲亲她。这种早晚问候的习惯是从我们大人这里做起的，孩子看样学样逐渐也学会这样做。我对女儿说：“一清早自然醒来，哼一段高兴的曲子，跟爸爸妈妈问一声好，全家人一天的心情都好！”从此，孩子在这样的体验中就养成了早晚问候的习惯。

### 3. 使用礼貌用语的习惯

自觉、自如地使用礼貌用语，这需要在家庭的生活流中自然地养成。这关键看父母长辈平时在生活中自己的习惯表现如何。把孩子培养成为有礼貌的文明人，不是看我们的说教怎样，而是看我们在孩子周围形成的氛围怎样。

4. 不挑食的习惯

这可不是小事情，孩子若从小养成了挑食的习惯，那你就给自己制造了日后的大麻烦。孩子不懂，但父母一定要明白均衡饮食孩子才健康。迁就孩子，丧失父母的教育意志，是孩子养成挑食习惯的主要原因。因此，我们一定要懂得，爱有时是需要父母咬紧牙关的！

5. 定时做事的习惯

养成教育特别强调“定时”，小孩子吃、喝、拉、撒、睡、玩、学都要定时。定时，是利用孩子形成条件反射，帮助他们建立时间秩序。这样做的养成教育就容易，孩子会比较早地、顺利地进入一条正确的生活轨道，父母自己也轻松。否则，孩子一开始就进入不良习惯的轨道，你的教育就变成费力费时效果不好的纠正性教育。因此，父母一定要理解为什么要定时。父母定时做得好，孩子养成规则和秩序的意识好，日后形成良好的学习习惯也顺利。

6. 敬而远之的习惯

敬而远之是一种交往智慧，你明明知道自己跟某某不是一类人，近之则同流合污，去之又难免得罪，这时你就不免采取这种智慧。有一位父亲反对自己孩子跟一个“边缘孩子”玩在一起，第二天孩子就去跟人家直说，结果遭到一顿毒打，险些惹来杀身之祸。这位父亲的做法就是简单化了，没教孩子“敬而远之”的智慧。我们应该让孩子养成“昔孟母，择邻处”这样处理某些人际关系的智慧，一生都会受用。

7. 帮助人的习惯

这是一个做人的大好习惯，一生帮助人，一生快乐，一生充实。帮助人是社会的正能量，是亮丽的风景线，给他人是美好的感受，给自己也是美好的感受。有些家长怕孩子吃亏，不让孩子帮助别人，这是教孩子自私，失去善良的本性。其实，帮助人自己也不吃亏，这个社会上就是“我为人人，人人为我”的循环。平时多行善，这是积德；积德者，人缘好，朋友多，有难处时大家都愿意帮忙。再说，以助人为乐为习惯，习惯成自然，我相信人们在帮助别人时也不会去计较，帮助人完全是“行侠仗义”“与人为善”，哪里会想着吃亏不吃亏！人活一世，善恶代传。有人不相信因果，但因果就在家族代际间。家长教育孩子当然都是“望子成龙，望女成凤”，但家长的善恶都会在潜移默化中通过自身的行为态度埋在孩子的潜意识里，这不以家长的主观育人动机为转移，客观是家长总能在孩子日后的命运中看到当年自己的影子！因此，我奉劝家长朋友，育人当自重，培养孩子一定要树人于德，做真正有智慧的人，积德一代，造福子孙啊！

8. 进出告知的习惯

这看起来是一个礼貌问题，实际上还有一个安全问题。有一个家庭，亲子之间就没有形成这种进出家门互相告知的习惯，原先女儿是在自己的房间的，可是她已经离开家出去了，自己的房间门照样关着，走的时候开关家门也没有人听到，因此家人都没及时发现她出去了。看得出来，这家人的关系很冷淡。平时就有这不好的习惯，习以为常，倒也无所谓。但这一次，女儿出去却遇害了，再也没回来。这个惨痛的教训告诉我们不要把养成进出告知的习惯看成是一件小事。

9. 睡前阅读的习惯

你可不要小看阅读在人生中的作用。从孩子爱听故事开始，孩子的阅读生活就算打开了序幕。孩子将来爱不爱学习，这就考验父母的教育智慧了。

不少父母埋怨孩子学习不主动、不自觉，其实刚开始哪个孩子不主动？你不去一步一步衔接他们的主动去培养，反而让孩子拿你的智能手机去玩耍，是你引开了孩子的阅读兴趣，现在你已经没有资格理直气壮地批评孩子。你应该重新学习做父母，认识到你培养孩子喜爱了阅读，形成了每天晚上睡前亲子阅读半小时的习惯，就等于培养孩子自己找个“老师朋友”来教育自己，而且从此好书可能将成为他们终身的伴侣。你什么时候开始培养孩子好读书、读好书、爱学习、求上进的习惯，你什么时候才是一个合格家长。

10. 家人交谈的习惯

一家人一定要养成在一个共同的时光里可以畅谈交流的习惯。而且这个习惯能不能坚持下去实在太紧要！夫妻的沟通一断，婚姻肯定要出问题。亲子的沟通一断，家庭教育肯定要出问题。因此，养成家人交谈的习惯，并把这一习惯保持好，这可是家庭里的头等大事。

11. 翻字典的习惯

我女儿很小的时候就学会了查字典，甚至可以说查字典几乎与识字是同步的。养成翻查字典的习惯，可以促进主动识字的速度和量，可以不随意有边读边，可以更加注意汉字的写法，可以从字典、词典上无意中记忆和积累许多知识。养成翻字典的习惯，与现代人上网搜索是一致的，可以这么说，现代条件给我们良好习惯的发挥提供了更加广阔的用武之地。

12. 练书法的习惯

我从 4 岁多就开始练毛笔字了，是我的姨妈教我的。她是个认真的人，教起人来一丝不苟。首先是选适合的字帖，叫我用描红的方法练柳体。从描红到独立看帖书写，不能有一点不像之处。每天写 1~2 页，6~12 个大字。写得像的字，会给我画个大红圈；某一笔画写得好，也会在那一笔上画个小红圈。如果发现我没有静心专注写完写好，就要被罚从头练起。这可是对我最大的打击。我从小要强，哪允许自己一下子退回去这么多！因此，我越练越认真，而且坚持至今。练书法可以练气健体，修身养性，颐养天年，我乐于其中！

13. 多思的习惯

我要感谢我的母亲，她很会培养人。我小时身体不好，经常扁桃体发炎导致发高烧，只好留在家里。母亲看我精神尚好，就叫我自己看看书。我的自学能力和多思的习惯就是从那时养成的。思考可是人类最伟大的能力。多思出智慧啊！有的父母不注重培养孩子多思，那就等于白白长了一个脑袋。多思才能学习好，多思才能有方法，多思才能考虑问题更灵活、更深入、更全面、更辩证、更客观，多思才可能想出创意的点子，多思才能理智和取舍得当。培养孩子一定要培养多思的习惯。

14. 倾听的习惯

孩子的成长正是从听开始的，然而很多父母却没有注重衔接培养，孩子突然开口说话我们被喜悦牵着就转移去注意孩子的说了。我要提醒父母们，培养孩子应注重听、说、读、写、思、做一起相辅相成地来培养。没有好的倾听能力，哪里会有好的说话能力？没有大量的阅读，哪里会有好的写作能力？没有好的思想能力，说又怎么说得好？读又怎么读得懂？写又怎么写得妙？不读或读而不思，学习如何有收获？你只会空想，不学习、不做事，又有何用？所以说，这六个环节是统一相连的，听是能力发展的起点，是生命成长的起点。

养成倾听的习惯，就是养成虚心的习惯、尊重的习惯和专注的习惯，就是培养孩子打开大脑的接收通道，形成吸纳的思维品质，就是保护住了孩子在学习母语过程中所表现出来的主动、开放、高效、聪敏的生命能力。可是，我们往往注重让孩子说，滔滔不绝地说，却忘记了让孩子静心地听、潜心地想，有时候比不动脑筋的说不知有用多少。会说自然是好事，但多说却并不一定是好事；有时候迟于言，可能才有利于孩子思维的发展。倾听，多听听不同的意见，多了解一些不同的心声，先听再思，先思再言，三思再行，这是受益终生的好习惯。

### 15. 写文的习惯

有的爸爸妈妈认为孩子会说就行了，说当然重要，向外表达好自己的思想感情，无论对交往还是工作都很重要。但会说不能代替会写，会写不是一定要当作家，孩子写文也是为了扩展自己向外表达思想感情的渠道，有利于人际交往和事业。同时，写文的过程也是孩子形成具象、严谨、条理、完整的思维的训练过程，是对孩子的思维发展极好的。

因此，应该重视帮助孩子养成从小爱写文的习惯，可以从写一句话开始，从记日记或周记开始，直至老年依然爱写点什么，不让自己的大脑衰老太快。

### 16. 锻炼的习惯

我这里说的“锻炼”，不只是身体锻炼的意思，还包含广义的锻炼成长之意。现在，孩子们在成长中锻炼的机会越来越少了，安全的负担、学习的负担、独立性的抑制，让孩子做事情的素质差。生命成长是需要锻炼的，不重视锻炼成长，人的全面的生命品质就会呈下降的趋势！锻炼，对于生命力正在旺盛阶段的儿童，尤为必要。锻炼的意义，甚至在老年人身上都有彰显，一些年轻时根本不会画画、摄影的人，上了年纪后主动开辟新的锻炼领域，结果还进入了画家、摄影家行列。锻炼，让生命之树绽放青春的奇葩！

17. 做家务的习惯

关于做家务，我对老师讲这是培养人劳动的情感、态度、意识和习惯，我对家长说这是培养孩子责任感和学习动力的绝好方式，我对年轻夫妇言这是经营家庭时创造幸福的智慧。总之，从多角度看，养成做家务的习惯都是一生的大好事。

18. 尚美的习惯

我一直认为，美育是德育的基础。一个孩子从小养成了尚美的习惯，也就是他喜欢美而讨厌丑，对自己的行为也有美丑感和羞耻心，这就是他成长道德观、荣辱感的基础。我在居住的小区里，经常看到一些妈妈接幼儿园放学的孩子，孩子要小便，不管男孩、女孩，大庭广众之下就让孩子解手。这样培养孩子，小时不读懂美丑羞耻，大了又怎么会有道德感？

19. 讨论的习惯

能与他人讨论，这不仅是培养民主人的需要，也是培养创新人的需要。有的大人就不习惯与配偶讨论问题，更不要说与孩子讨论交流了。民主和民主教育，都需要与人讨论的素养和能力。民主，有一层意思就是要让人讲话，这样才能让自己听到不同意见甚至反对意见。听得到不同声音，才有利于我们把事情做得更好。我们培养孩子，是为了中国的明天，一定要注重人的素质培养。在国外教育发达地区非常重视培养训练学生的创新品质和能力，其中有一个方法就是教学生学会与他人讨论。训练的步骤：①自己先准备一个需要讨论的提纲或方案。②第二天找一些适合的对象，征求他们对提纲或方案的意见和建议。③用冷静而吸纳的态度做收集意见的整理和分析。④在吸纳他人意见和建议的基础上认真完善自己的提纲或方案，争取产生创意。

20. 交良友的习惯

在孩子的成长中有一个大的教育问题，就是缺乏交往方面的指导。随着孩子一天天长大，朋友在孩子所接受的影响力因素中的地位逐渐升高。你不关注这个问题，一不留神孩子交错了一个朋友，你会突然间就可能不认识自己的孩子了，当你发现时孩子的表现可能已经一落千丈。我经常提醒家长朋友要留意孩子的交往，了解孩子内心对交往的需求，指导孩子学会正确处理友谊，正确处理与同性或异性的交往关系，这些都是很必要的。我也对家长朋友说过，你希望孩子成为具有什么样品质的人，就应该支持孩子与这样的人交往。交良友的习惯，将让你的孩子受益终身。

21. 认真做事的习惯

我特别佩服日耳曼民族，因为这个民族的人整体都具有一个特点：做事认真严谨。这是很好的一个品质。我们中华民族人多，很明显地看出人的不同素养层次。认真的人也有，可不具有整体性。我觉得，在认真上我们民族应该虚下心来，学习别人的优秀品质。对孩子应该从小培养他们认真做事的习惯，加强责任感教育，加强父母的表率作用，在孩子的成长环境中加强有利于提高责任感、有利于养成认真习惯的家风建设。这个世界最可敬的就是认真，一个认真的家庭和民族是不可战胜的。

22. 智勇的习惯

勇气，对一个人来说，是特别能帮助自身释放生命能量的宝贵品质。因此，父母应该注意从小培养孩子的勇气。但是，培养中又应该特别注意避免盲勇、蛮勇，引导孩子发展义勇、智勇。一些孩子不乏勇气，但表现出来是盲目的、愚蠢的、不讲道理的、蛮横凶残的，这是负能量的宣泄。这说明我们应该从小培养孩子的勇气，并树立好的价值观，特别提倡培养孩子体现智慧的勇气，比如在自我保护前提下的勇敢救护、科学发明方面上的大胆尝试等，这才是正能量的释放。

## 23. 真诚的习惯

无论是在人际关系中，还是在事业中，真诚都是美德。我过去教书的学校，校训是教人“赤诚”，这是比真诚更高的境界。一个培养老师的地方，学高为师，德高为范，当然应该有更高的境界追求。因为培养老师是为了未来培养孩子的，父母作为孩子的第一任老师，是为孩子的一生奠基的，也应该有这样的境界追求。教育工作，千教万教教人求真；孩子学习，千学万学学做真人。培养孩子真诚待人、真诚做事的习惯态度，这是父母赤诚报国的具体行动。

## 24. 孝敬的习惯

对父母长辈的孝敬不应该是断断续续的偶然行为，而应该是持续不断的生活行动，因此培养孩子孝敬应该培养为自然的习惯。敬重年长者，就要改变全家人围着小孩子的状况，真正恢复长者地位；父母在孩子面前要做出敬老的行为，真正担起赡养老人的责任；老人也不能为老不尊，而应真正表现出长者在家庭中的风度和作用，维护好父母的教育威信。总之，一个家庭一定要有正常的家庭秩序，晚辈要养成孝敬的日常习惯，这样才有利于形成和延续好的家庭文化传统、好的家风，有利于形成代际有序、长幼有序的社会风气。

25. 忠责的习惯

我记得十分清楚，家庭给我的教育就是在家要尽孝、出门须尽忠。这种从小头脑里扎根的教育烙印不可磨灭，对于我们兄弟姐妹的为人处事也发挥了极好的作用。现在的孩子这种忠于事、忠于责的意识仿佛很淡薄，对工作一不高兴甩手就走，这是为什么呢？就是因为我们现在不少家庭里面根本不培养孩子忠责的习惯，孩子的许多责任都让父母“抢”去了，什么事情都给物质奖励，就是做个家务也给钱；孩子的学业也变成不是自身的责任，而是替父母、为老师学习。因此，帮助孩子养成忠责的习惯，就是让孩子懂得自身的责任，懂得担当，懂得忠于职守、忠于使命。

26. 善始善终的习惯

做事一定不能“虎头蛇尾”“始乱终弃”，要形成做则“善始善终”，言则“说到做到”的习惯。我记得非常清楚，小时候妈妈教我们做事情，总是交代得十分明确，而且中间必有过问，完成必有检查。有一次，我负责擦地板，地面擦得很干净，可就是挪过的凳子没有摆整齐。妈妈批评了，我还强词夺理，说什么一会就吃饭了也是要动的。妈妈立即跟我讲了做事情要一段一段来做完的道理，告诉我要养成做事情有头有尾、善始善终的习惯。从此，我懂得了自己做一件事情应负责好这件事情的全部，自己善始善终，也能让后面要做的事情有一个好的开头。这个习惯已经陪伴着我走过了一生的工作，受益极多。

27. 合理计划使用时间的习惯

初中的老师教给我爱惜生命就要合理计划使用时间。其一，一辈子不要睡懒觉，起得早可以让我们每天增加许多可以做事的时间。其二，听课和学习都要专心致志，这可以让我们减少许多实际上是浪费在学习中的时间。其三，抓紧一切七零八碎的时间，这可以让我们比别人增加许多宝贵时间。其四，该休息就休息，该运动就运动，让自己有充沛的精力投入学习，这样生命的效率就可以显现出来了。我们一定要让孩子懂得，生命价值的奥秘在于时间。

## 28. 享受清洁的习惯

享受清洁，这是一个很好的生活理念。我想到这个理念，是在做班主任时。我发现不少同学不注重环境保洁，有一次开班会我就问同学们："我们每天一大扫、一小扫的，大家想过都是谁在享受这种清洁吗？"全班陷入沉默，同学们没有想过，也觉得我问的奇怪。我接着慢慢说："我以为我们的清洁都是老鼠、蟑螂在那里享受了，我们实在被老鼠、蟑螂所耻笑了！大家想，我们每天放学前辛辛苦苦把教室打扫得干干净净，然后就放学回家了。晚上，是谁出没的时间啊？不是老鼠和蟑螂们吗？我们打扫出来的清洁，不是供它们在享受吗？而到了白天，真正需要我们享受清洁的教室时，我们却早已把环境搞得纸屑果皮满地了，是不是这样？我们不蠢吗？"同学们哄堂大笑！这时，我在黑板上写出了大大的"让我们从今天开始学会享受清洁！"这么一句口号。很多时候，理念变我们的生活才会变。希望各位家长朋友在生活中都引导我们的孩子养成享受清洁的习惯，进入一种讲究清洁的生活方式。

## 29. 自理、自律、自强、自立的习惯

这是一项中国许多家庭里培养得不好的习惯养成内容。由于严重的溺爱习惯，父母长辈包办代替孩子的情况非常普遍。使孩子不仅小时候不懂自理，大了也不懂自律，大学毕业工作了还不能自立，"拼爹""啃老"现象严重！因此，为了我们祖国和民族的前途，我们一定要培养好下一代，让他们从小养成自理、自律、自强、自立的习惯，让中国人真正能够昂首挺胸于世界，

让中国真正能够昂首挺胸于东方！

30. 说到做到的习惯

我成长的学生时代，“说到做到，不放空炮”是一个响当当的口号，在我的脑海里留下了深刻的教育印记。说到就一定要做到，做不到就情愿不说；不能说了不做，只说不做；你可以做了不说，做好了再说，但绝不能做不好，却说的比唱的好。这可是自古至今的好传统——言必行，行必果！现在一些人正是把中华民族这个好传统丢弃了。孩子是未来的希望，为国为民育人一定要先育“根”，根不正，何以立树参天?

31. 总结的习惯

学习，需要一周一小结，一月一总结；工作，也需要一件任务完成小结一下，一段时间结束总结一次。总结，就是要养成既需肯定也需反省的习惯，好的地方要继续发扬光大，不好的地方及时改正，不足的地方采取措施加强。总结的习惯，反映出一种做人的自觉，一种做事的智慧。养成自觉总结，随时随地小结的习惯，可帮助我们一生不断进步成长。

32. 喜欢研究做事方法的习惯

一个人遇上一个好老师，就是一辈子的幸运。我有幸遇上过许多好老师，在每一个老师身上我都得到了一生受用的宝贵人生指点。还是在初二那年，从一位数学老师手上我得到了一本介绍做事方法的小册子，老师告诉我一个人除了勤能补拙，“道”是更好的补拙利器。我记住了老师的教诲，研究了一辈子学习的方法、做事的方法、思维的方法，品尝了一辈子的“甜头”。我从老师那里得到的“点金术”，我又传给后生学子。家长朋友们，如果你并不认为自己的孩子是什么神童、天才，如果你真想教你的孩子成为一个智慧的人，那么，你就引导你的孩子做一个喜欢研究方法的人吧！做事讲方法，这绝对是一个大好习惯。好习惯必然带给孩子们丰厚的回报。

### 33. 明确目标的习惯

走路只低头看地是不行的，必须抬头看方向，看目标。帮助孩子从小形成心中有目标的习惯，他才有动力。现在一些孩子学习生活中根本无目标，无追求，做一天和尚撞一天钟，每天浑浑噩噩，父母们痛在心上、急在情上！可是你怨孩子没有用，是我们自己没有培养好孩子的内动力。什么是内动力？培养孩子从小树立目标，做事明确目标，心中不忘目标，有意志去坚守目标，这就是孩子需要的内动力！

### 34. 做事前编制方案的习惯

我们为什么要培养孩子做事前养成编制方案的习惯？我们做父母的有这个习惯吗？这个习惯可是个提高自己工作水平的举措，它让我们做事前周全地思考，做事中有条不紊，做事后容易总结出经验和教训。没有这个习惯的人，做事情跟着感觉走。养成这个习惯的人，做事情跟着头脑走，做事情会更加严谨、认真。

### 35. 守时的习惯

守时，是对自己生命的珍爱，是对他人生命的尊重。迟到是一种恶习。适当提前或正点为好，提前太多是浪费，误点是严重不礼貌。为保证准点，应该考虑到路上可能发生的特殊情况。不守时，然后做各种解释，都是不必要的，于事无补的，令人讨厌的，只有不迟到和迟到后真诚道歉是必须的。

这些都是要教孩子从小懂得的道理，并趁早养成习惯。

36. 相信“烂笔头”的习惯

年轻的时候，从老师那里就懂得了情愿相信“烂笔头”的道理。现在老了，开始出现“突忘症”，更加要相信“烂笔头”了。可见，记录的好处可以让我们尝一辈子的“甜头”。现在，我们还可以在手机备忘录上留言记事，方便得很。“烂笔头”不仅可以帮助我们备忘，而且可以帮助我们随时随地记录下自己宝贵的闪念，记录下自己的文章构思，在随身没带纸笔的情况下用手机记录下会议要点。

37. 抓零碎时间的习惯

一些人总是期待着大块的时间来做某件事情，其实往往不可能。我们不如养成抓零碎时间的习惯，这样还能积少成多、滴水成河。我为家长朋友写了六七百篇文章，供大家学习。如果我只等大块时间来干这件事情，那么，我根本干不出来，我便是空有为人民服务的心愿。抓零碎时间的习惯，可以让我们更好地实现自己的许多愿望。

38. 学习机会坐前排的习惯

现在中国人的会场、课堂，大家普遍都是从后面坐起。这是为什么呢？谦虚？官本位的影响？方便私欲？我特别反感这种现状，不管是其中哪个原因。听会也好，听课也好，都是学习。哪怕上面的人满嘴雌黄，你边听着边想着不同甚至批评的意见，这也是一种学习。既然是学习，无论是从尊重的角度说，还是从学习一定要有收获的角度说，我都提倡坐前排。坐前排实际上是对学习的尊重，是人生的一种态度。

## 39. 设身处地着想的习惯

人活一世，说完全没有过私心，那谁也不会相信。但一个人的确不应太过自私。能够替他人设身处地着想，这也是心存同情、胸有善良的人性表现。人类是一个生存的共同体，自身之外的其他人、其他生命就是自己的生存环境。我为人人，其实也在享受着人人为我。因此，自私实际上是一种愚蠢，是一种价值观的误区。我们应该培养孩子从小养成为人设身处地着想的习惯。

## 40. 整理历史材料的习惯

常言道，雁过留声。经过的历史，总应该整理留下一点东西。这是注重积累档案资料的好习惯，非常有利于日后的总结研究，有利于自己的提高。这也是我们前面讲到的做事的善始善终。

## 孩子好习惯的养成要看父母的教育坚持力

在QQ上同一位家长朋友对话，她是有感于读到我的“每天一话”，引发她对比到自己的孩子和别人的孩子，觉得自己的孩子现在养成很好，为什么呢？因为她坚持了培养一个习惯认真抓三个月，纠正一个毛病紧盯一周的方法。显然，她是我的好学生，见善即学，并有教育的坚持力。她说看到身边的一些家长，就是因为坚持不够，前紧后松，所以孩子就没办法养成优点，改正缺点，结果还要没完没了地批评。

这位家长朋友说得对，说得好，她做得也好！教育不是一个快活，而是慢活。对于孩子来说是马拉松，对于父母来说也是中长跑。有的家长说自己忙，没有这么多时间坚持，忙可能是实情，但有责任感还是没责任感或少责任感才是真正的实情。对孩子高度负责，没时间也要挤时间，也要合理协调时间。一个人在家庭教育上做一件事情还是容易的，坚持长久，坚持永远，的确很难。但有对孩子负责的爱，再难也会做，也要做好，这样做完全是一种习惯，不需要意志力的作用，完全是一种生活方式，一切都是自然的，只有这样才会坚持好。家庭教育，表面看是教育孩子，其实是需要父母教育自己。孩子的出生，是给了我们一次再成长的机会。孩子教育得好坏，是看我们学习的好坏，改善的好坏。成功的教育需要我们有教育的坚持力，但如果我们没有，抓孩子的养成虎头蛇尾、浅尝辄止，连我们自己一件事都做不深入，还有什么理由埋怨孩子做不好呢？如果我们不想放弃孩子，就从改变自己开始吧！

坚持培养一个好习惯认真抓三个月，纠正一个毛病紧盯一周。巩固一次改正用好习惯光大，养成一个好习惯靠点燃内心。

# 父母千万不要情绪化

人的情感世界中肯定会有情绪，但情绪化了就不好。比如我们做父母的看到自己的孩子不争气，难免会有情绪表现，可是如果若每天都让焦虑的情绪笼罩在自己的心上，这危害就不仅在自己的健康上，而且情绪会如同阴霾笼罩在一个本应充满爱的家里。当你说你的孩子有心理问题的时候，他难免会回你一句：“你才有病呢！”

你的确“有病”了，这病就是情绪化！你产生了教育焦虑，陷在了你越着急越没用的情绪复制中！而且你的情绪已经影响到了孩子的心情，孩子完全提不起神，一个父母眼里的“坏孩子”、同学中的“失败者”，他们只有在同自己一样的“另类”中才能找到些许的自信来。而这正是你最不想看到的，但却正在你炮制的情绪氛围中蔓延！

你的情绪不仅在影响孩子的心情，而且在影响孩子的性格。他们也像你一样情绪化，动不动就跟你发脾气，莫名其妙地生气，几天几夜陷在不可自拔的情绪中，完全不懂得怎样走出自己的纠结困境，是不是这样？

人类有一个缺点，看人家比较明白，发现自己比较困难。不过，我相信你始终是爱孩子的。你需要的是冷静下来，反思自己，下一个狠心：改变自己！因为你若想改变孩子，真要改变自己才可能办到啊！

“阳光教育”三十方略中就有教父母制怒的方法，希望大家学起来。

## 给孩子信心，也给自己信心

一位母亲向我咨询，在电话的那边痛哭流涕，为了自己的孩子。听到这哭声，让人的心颤抖！如果她的孩子看到此情此景，那心会不会震颤？

这位母亲已经完全没有信心再转变自己的孩子了，她觉得自己一个人软弱无力，她想放弃，但出于母亲的本性她不能放弃，因此她给我打了电话。

是的，不能放弃！出于一个教育者的良心，我必须坚定和支持她那颗与放弃抗争的心！

她和孩子为什么完全对立起来了呢？我听着她的介绍，发觉她不缺少对孩子的爱，而是缺少爱的智慧。她的性格是刚强的，宁折不弯的那种，而她的孩子也传承了这种性格。钢碰上了钢！她的思想方法也出现了偏差，在她一晚上的介绍中，她的儿子一无是处。怎么会这样呢？我作为一个老师，清醒地告诉自己，这应该是不可能的。

在我的耐心启发下，后来我听明白了，两个人的根本对立是在未来之路的选择上：儿子是想走唱歌之路，妈妈是希望他用功读书考高中，然后上大学，说他根本不是唱歌的料。但儿子是坚定的，说自己不是学习的料，只有唱歌同学们都夸自己，就这么唯一的一条路了。她对孩子的选择没信心，孩子对她的安排没信心，两个人都活得非常痛苦。

我用一个教师的眼光来看这个问题，儿子也是想在应试的无望中拼出一条自己的路来，谁也不能保证他一定成功，但他万一成功了呢？一个人想去为了他心中的爱和梦去奋斗，这可能就是他身上最大的一个优点了。

然而，老师不是裁判，不应该为别人决定什么。我记得那天夜里我只是跟她讲了下面的话："你需要首先让自己具有发现的心，有了发现的心才能有发现的眼睛，发现和肯定孩子身上的亮点是转变孩子的入手点。孩子为什么破罐破摔？因为他们丧失了自信。他们可能不承认，因为他们在心底会顽强地抗争。但他们往往在家里受批评，到学校也遭否定，这样的生存环境严重磨损着他们的自信，引发着内心的不满，表现出来就是叛逆。他们只有在同自己命运类似的群体中多多少少能够挽回一些面子和信心，表现出来的竟然又是我们继续批评他们的理由和证据。这是一个改变不了孩子的恶性循环。我们只有清醒地命令自己，改变自己的教育理念，擦亮自己的眼睛，找到孩子身上的亮点。因为能够将孩子带出怪圈的法宝，只有他们自己身上的亮点。任何人身上都会有优点，也会有缺点，我们自己也不例外。改变孩子，不是只有克短一条路，或者补短一条路，还有扬长这条路。当一个人潜在的长处挖掘出来，发扬光大，光明面自然扩展，阴暗面自然消退。转变后进状态的孩子，就要用这个教育思路。"

我想，这位要强的母亲是理解了这段话的意思的，因为没过多久她打电话给我，说跟儿子和解了，初中毕业让孩子考艺术学校，孩子答应她以后还是要读大学学声乐的。

显然，任何事情都不是只有一条路可以走通。很多时候，我们要给孩子信心，也给自己信心。

## 孩子的教育都是对家长的考验

许多家长在哀叹："孩子的教育难啊！"孩子的教育难在哪里？所有的难都指向家长本人的素质。

孩子出生会给父母带来负担，只说一样吧，就是觉不够睡。想想看，一个过去可以睡到中午的女性，为了孩子突然不能睡了；一个晚上本可以无心无肺睡到天明的小伙子，为了孩子突然一夜要起来几回，最要紧的是第二天还要去上班。这不仅考验两个年轻人的身体素质，而且考验着他们是否有天生的父爱、母爱。有的，辛苦变成了幸福；没有的，幸福变成了痛苦！

孩子开始牙牙学语了，父母需要陪着孩子对话。一位爸爸，以往普通话"夹壮"，说不好，也不愿意下工夫学，这回在孩子面前不好意思了，只好把这活儿推给孩子妈妈。

孩子爱听故事了，有对年轻夫妇听过我的课，懂得了培养孩子学习就是从听故事开始的，可是他们从小都没练过讲故事，肚子里面也没啥料，幸而他们肯学习，于是就开始了"临阵磨枪"。

什么叫素质？素质就是经过岁月的筛子还可以留在你身上的本事，就是你当初并不知道它有用却不经意间学习掌握了的知识，就是从你祖上继承下来的流淌在你血脉中的文化基因。这些都是你在孩子出生以后用得上的身心资源，是构筑你们幸福小屋的宝贵财富。孩子的教育考验着父母过去的积累。

孩子到了多问的季节。一位爸爸懂得这是孩子开始动脑筋了，他十分欣喜，就趁着孩子主动学习的劲头，和他“吹”起自己懂得其实也并不多的知识来，他的用意并不在知识本身，而是不愿意熄灭孩子心中对知识的渴望。第二天，他送给了儿子一套《十万个为什么》，那时候儿子还没认识几个字呢，他丢给孩子一本《新华字典》，顺便给孩子教了查字的方法。每个孩子原本都是可以成为“神童”的，就看我们会不会教。

什么是教育？教育并非是不停的说教，并非是愤怒的训斥，并非是恨铁不成钢的棍打。教育当然需要雄辩的说理，需要动情的教诲，需要艰苦的锤炼。然而教育更是春风化雨，更是生命互动，更是榜样示范，更是向导带路。因此，教育考验家长的素质水平。

一个充满学习气氛的家庭，孩子热爱学习是很自然的事情。一个离不开烟酒的父亲，再怎么训斥孩子在学校里面的抽烟行为，也很难让孩子戒除。

孩子的教育都是对家长素质的考核啊！不同素质的家长产生不同的教育结果。难，反映出一种吃力的程度，抑或一种付出的程度。我见过家长自己每天搓着麻将，孩子也长大了的。至于孩子发展的程度，我就不敢恭维了。我也见过家长精心培养的，如同一个负责的园艺师，果真孩子也不负有心人，出息得让周围人“羡慕嫉妒恨”。

培养孩子的难，绝不仅仅是说明教育付出的辛苦，我想，更多的还是指教育难度上的考验。

我永远忘不了一位来找我咨询的妈妈，忘不了她的眼泪！她人近中年的时候，丈夫弃她而去。她在最痛苦的日子里下了岗，一个人带着儿子在艰苦的生活里打拼，终于把孩子带到了初中。她没想到有个更年期碰上青春期的教育难题在等着她，孩子在她面前变成了陌路人，那一天孩子竟然跟她对打起来！她一片茫然，不知所措。这时候，她才意识到自己需要学习。

与孩子共同成长，说起来容易，做起来十分难。面对这个很精彩又很无奈的世界，面对自己很可爱又很“可恨”的孩子，你会发现家庭教育中给你一个又一个困惑、一个又一个考题，自己父母教育自己的历史已成为遥远的记忆，自己必须与时俱进地学习，才能让教育难度下降，让教育的幸福感重新爬上自己和孩子的脸颊。

教育真正的难就在这种不断考验带来的艰辛上。但是，当你突破了考验，你的教育成功了，艰辛并快乐着的感觉就会油然而生。

## 心理健康教育走进了你的家庭吗

孩子的许多问题，有时候并不一定是思想道德的事情，而是心理健康上的事情。大人往往关注不够，或虽然发现了孩子心理健康出现了问题，但却讳疾忌医，这样小问题就酿出了大事故。因此，关心孩子的心理健康，就一定要防微杜渐，重在预防，而且一定要用科学的态度和方法去解决心理的问题。

现在为什么孩子的心理问题增多了呢？大致有这样几方面的原因。

（1）社会压力的确是增大了，而且通过学校和家长过早转嫁到了孩子身上。

（2）应试教育让一些孩子不喜欢学习，而将自己的兴趣转移到网络上，而长时间的网瘾导致了孩子心理上的变异。

（3）家庭教育上的失误，比如溺爱，让孩子的适应能力和心理承受能力都下降了。比如长期不得法的批评教育，让孩子的自信心和快乐的情绪感都下降了。再比如拔苗助长的学习方式，也是让孩子过早产生心理问题的严峻的生存环境。

（4）一些夫妻的情感生活的破裂，严重导致孩子心理上受到了伤害，留下了阴影，埋下了祸根。

（5）一些社会媒体的不负责任，让过多的血腥、暴力、性行为、穿越行为、自残行为、情绪化行为演绎在孩子面前，导致了孩子的模仿。

我们在生活中应当针对这些原因去改善。如果我们家长注意在家庭中做好如下工作是有利于孩子心理健康的。

（1）不要跟风地、盲目地提早给孩子增大学习知识的压力，还给孩子一个快乐的童年。

（2）注重幼儿园“玩中学”的特点，着重培养好孩子的学习兴趣、学习习惯、学习快乐，保护好孩子依靠求知欲、好奇心、质疑力和想象力来学习的主动性。

（3）在学前培养好孩子的定力、注意力、一定的书写能力、形成数的敏感和概念、阅读的兴致，提高孩子对学习生活的适应能力。

（4）对孩子的学习要求，既不应当苛刻，给孩子造成过大的心理压力；也不要走到另一个极端，单纯追求快乐，而放松了学习品质的培养，降低了孩子的抗压能力和抗挫能力。

（5）学习虽然是一件辛苦的事情，但家长可以引导和培养孩子学会调整心态，学会一些方式、方法让自己进入主动、快乐、智慧学习的状态，学会享受学习过程，学会享受学习中的成功。

（6）培养孩子实际上是一个个性化的教育过程，关键是孩子有自己的优势能立足社会，因此家长应当降低自己拿孩子去攀比的心理，按照自己孩子的实际情况，朝着利好的方向去培养就好了。这样就不会苛求，也不会给孩子过重的负担。

（7）一定要把孩子上网玩游戏引导到利用网络来学习上，培养孩子形成对自己生命的责任感，理解学习对自身的实际意义，养成把学习放在第一位的习惯，认识到游戏不可能是人生的全部过程，只是生活中的插曲、劳逸结合的一种方式。

（8）家长自己一定要与时俱进，加强学习科学育人知识，更新教育观念，掌握爱的智慧，形成和保护好家人之间的和谐关系，在家庭中形成好民主、文明、向上的空气。

（9）对社会影响，家长应善于利用光明面的作用，对不利于孩子的影响因素应尽量弱化在孩子身上的作用。

（10）学会和保持同孩子的经常沟通，做到了解孩子的内心，对孩子的心理问题要用沟通疏导的方式解决；要相信专业的心理老师、心理医生，对孩子的心理障碍一定要及时寻求专业帮助，不可麻痹大意。

（11）对孩子的心理健康，不要等到问题发生了才重视，而应在平时就从积极建设的角度去培养孩子健康的心理。比如培养孩子稳定的情绪、健康的感情世界、积极乐观的心态、适应和发展的生命能力、辩证而全面的思维能力、自我的调整能力等。

家长在重视孩子的心理健康的同时，更应该重视自己的心理健康，不要因为自己经常情绪化的、不健康的心理表现而影响孩子的心理，在孩子周围造成一种不利于心理健康的氛围。阳光的家长才能带出阳光的孩子。

# 教育谨防走极端

不仅教育需要重视培养孩子好的思想方法，家长在教育中自身也需要有好的思想方法。

不走极端，就是我们需要的健康的思维。

比如我们强调早期教育的重要性是对的，但把早教推到极端，仿佛早期教育阶段孩子在知识学习上一落后就会输掉一生，于是早早地给孩子开始学习小学才学的知识，这种认识也是不真实的。因为人生的成功靠不断的加速度，靠诸多的因素。而且早期应该给孩子奠基的还不是知识，而是让孩子终身持续发展的动力和素养基础。所以我们不要做错事情，不要用后面的事情冲掉了当下该做的事情。一些教育发达地区做过的统计研究表明，早期知识教育所产生的效果到了小学四年级之后作用就消失了。可是，我们也看到另外一些家长，他们为了给孩子一个快乐的童年，只叫孩子充分地玩，而没有注意“玩中学习”的引导，没有注意通过接触知识着重培养孩子的学习品质，结果孩子进入小学后早早就成了学习困难的学生。大家看我们的思想方法如果走了极端对孩子是多么的不利！

不走极端，就是应学会在对立中找到同一，在同一中找到正确。

比如我们发现了在早期教育上的两种极端，我们就应自觉地清醒自己的头脑。看清楚第一种极端让孩子的学习从负担和压力开始，显然是不利的，孩子不容易有长久的动力，孩子的学习是顺着被动的方向发展的，更严重的是在孩子学习成绩的泡沫下会掩盖着心理问题和德育问题。看清楚第二种极端是把孩子过早推向应试现实中的失败者的方向，以后孩子的教育和发展一路都会困难重重。因此，我们必须在两端之间选择出一条正确的路：①保护孩子童年游戏和快乐的权利，在“玩中学习”的过程中引导和培养孩子从快乐开始学习生活。②接触知识但重在培养训练孩子养成热爱学习的品质，养成定时进入学习状态的习惯，养成一定的学习能力。③把培养孩子学习的动力和文明的、智能的素养基础作为人生奠基的重点，给孩子可持续发展的前景。

以上这三点是如何提炼出来的呢？我们虽然不走极端，但并不等于在错误的认识中完全没有任何合理的内核；我们可以取两端意见中各自的合理的内核，即在对立中找到同一；然后进行综合（消化吸收），产生一个区别于极端意见的中肯的方案，即在同一中找到正确。这种思维帮助我们一是避免偏颇，二是找到正确的教育之路。这是家长在教育学习和实践中特别需要的思想方法。

## 不要阻止孩子去帮助人

我常常见到一些家长阻止自己的孩子去帮助人，批评孩子是“多管闲事”。我想，是这些家长的价值观发生了错误，可能认为孩子这么做是于己无益的，其实孩子主动这么做表现出一种很好的品质，长期这么做下去只会给自己的人生带来非常的价值。过去我听说某学校发生过这样一件典型的事情，一个学生想问一个同学一道数学题，求了几遍之后，那个同学撂下一句话：“我凭什么要告诉你，你超过了我我怎么办？”然后扬长而去。这个事例就说明了错误的价值观所导致的不良效果。

我们帮助别人是不是就会对自己产生负面效果呢？在社会上人与人发生关系是一种社交关系，社交关系的本质就是需要我们不断地用各种方式去帮助其他的人，帮助别人，别人也会帮助自己。整个社会就是我为人人，人人为我。当然，也不可将所有的人际关系都理解为功利关系。虽然在交往中有付出就会有回报，但回报不一定是利益，也可以是精神的收获，比如情感、友谊、快乐和幸福。有些家长就认识到了这一点，因此他们会带孩子去参加社会上的慈善活动、志愿者行动，孩子通过活动收获了帮助别人的快乐、善良和做人的方向。有些家长会支持孩子在学校里面帮助同学，孩子通过帮助别人同样收获了快乐、朋友、好的品性和帮助人的能力。

因此，不要认为帮助别人我们的孩子会付出自己的时间、精力，是吃亏的。其实，我们在人与人的关系上不应老考虑着获利。我们完全不谋利益，就是多交个朋友，也是人生情感世界的一大乐事。如果朋友交得好，恰巧能在事业的成功上助了你一臂之力，你又何乐而不为呢？因此我们的教育价值观应当正确。

帮助别人，与别人分享自己的知识与资源、时间与精力、朋友与关系、同情与关爱，在为他人提供着一种需要的价值的同时，实际上我们也在提高着自己的价值，提高着生命的境界。

**亲子互动游戏**

### 枕头杠铃

**作用：**提高专注力、自尊心。

**时长：**1~2 分钟。

**玩法：**

准备一个枕头，大小不论，大人先做示范，用双手把枕头举上举下，或左右摇摆，然后让孩子也这样做，并不断为孩子加油！

## 爱，有时是需要咬紧牙根的

现在的许多父母，爱主要表现为溺爱，即迁就、包办和代替。听一位朋友描绘他的朋友说，他其实什么新理念都有，可是一做起来就不知所措了。因为孩子哭，他就于心不忍了，于是就抱着孩子睡。可你想过这样做的效果吗？到底是应当把孩子当作小动物来养，还是当作小宠物来养？当作小动物养，他的生存力、独立性都会锻炼得比较好；当作小宠物养，他的自然生存力就会下降，应有的独立能力发展就会滞后，对大人就会产生依赖性。因此，给孩子养成非抱着不能睡，吃饭非要大人跟着满世界追着喂，这都是很不好的养育。

其实，小孩要当作动物养，千万不要当作宠物养！爱，有时是需要大人咬紧牙根的。我记得，当年我在一所学校当校长时，学校里有一个年轻老师每天傍晚都把儿子带到球场上，丢一只篮球给他玩。孩子摔倒了，又爬起来继续玩。这个年轻的爸爸就坐在旁边看着，根本就不管他。一些老师都看不过眼，上来批评这个爸爸，但这个爸爸依然如故。你以为这个爸爸不爱儿子吗？自己的孩子谁不爱？这就叫作“咬着牙根爱”。这是一种清醒的爱，有理智的爱，对孩子的根本利益负责的爱。

为了对孩子负责，有时我们的确需要狠下心来。我女儿小时候有一次擅自拿了攒下的硬币去花，她妈妈发了火，叫她跪了搓衣板。说心里话，我当时是于心不忍的。可为了避免在孩子面前暴露夫妻在教育问题上的不一致，我自觉地钻进厨房去做饭。但我的心是留在外面的，耳朵始终在听着外边的动静。我为什么咬着牙根坚持着？因为这是孩子第一回犯这样的错，是应当让她接受教训。一般来说，对于孩子第一回犯的错误一定要严肃处理，这样孩子才不会重复同一类错误，不会产生坏习惯。在这种时候，我们一定要坚持原则，但因为我们与孩子的感情很容易软下心来，所以这时候就必须咬紧牙根！大家想是不是这个道理？

爱，有时需要以相反的面孔出现，这是教育的辩证法。但这种爱的信息不能抵消严格的作用，这也是很重要的，否则就会返回到溺爱的怪圈之中。

# 教养的分量

现在不少家长，总用同一种借口推脱自己教育孩子的责任，说什么自己没有文化不懂教育，老师全靠你了。其实，有没有文化是一回事，有没有教养是另一回事。你这样的态度，表现出的不是你没有文化，而是你没有教养。我们也见过许多没有多少文化的家长，他们知道自己的短板，一脸虚心的态度，重视自己的“补课”，重视自己的担当，积极配合老师，也能把孩子培养得出色，你接触他们不会感到他们明显地没有文化，倒是在他们身上感到了教养的味道。因为他们懂得“子不教，父之过”的道理，而不是以文盲为荣，不推卸自己的责任，这就是有教养与没教养的区别。有教养是一种做人的境界，是一个人的文明程度，是一种追求高端的修养时尚，是一个家庭的文化标志。你有没有这种做人的标准，有没有达到一个文明人的表现，有没有对于修养的追求？你的家庭出来的人有没有“有教养”的标志？

有教养与学历、财富、健康、种族等都没有因果关系。

比如一个老教授在绿灯放行形成车流的情况下偏要横过马路，汽车在他身边紧急刹车，交警爱护地、委婉地批评他，他却怒发冲冠，质问交警：“我是教授，我不懂啊？”他虽然是教授，代表着他在某一个方面有学问，但他的行为暴露出他的安全意识的确欠缺了一些，而且傲气十足，涵养也的确少了一些。教养与学历并没有正比关系，教养倒是与修养、与自控力有因果关系。

又如一个大公司老总的夫人在小区里遛狗，狗太高大威猛，把一个小孩吓哭了。小孩的母亲和这位夫人吵了起来。本来老总夫人道个歉，可能事情也就过去了，但她却出言不逊，财气逼人，说："有什么了不起的，大不了赔你钱，你说要多少？"结果她的这个态度激起了众怒，小区里的人把她团团围住，最后还是物业管理人员和民警给她解的围。为人实在不要因财富而狂傲。看来财富与教养也非正比关系，教养倒是与人品和低调为人的态度有因果关系。

这样的实例数不胜数，大家读之应该悟出了到底什么叫有教养，什么又是无教养，也应该明白了教养的分量。

## 做个孩子喜欢的好家长

就如同学校里的好老师需要让学生喜欢自己，我们也需要做个让孩子喜欢的好家长。做孩子喜欢的好家长并不能靠迁就和顺从孩子，而要靠自身的学习修养，靠自身的形象塑造。我给大家提三点建议。

建议一：投入真情与孩子交往，从小培养孩子感知爱的心，引导孩子学会爱亲人

成功的教育是建立在真爱之上的，真爱一定是对孩子的长远利益负责的，因此我们应该“严格要求，爱透其中”，就是说你应既有对孩子的严格要求，同时，你的严格又是能让孩子理解的，可以让孩子感受到深深的爱，明白严格中的道理。没有这个基础，也便没有健康的情感关系，也便没有教育的成功。我曾见到一些父母只有严格要求，冷冰冰的要求，虽然要求是正确的，但一副蛮横无理的面孔，这让孩子受不了，当这样的次数多了，当孩子逐渐长大了，就会产生孩子的顶撞，教育就会失控。我也见过一些家长对孩子的爱全化作了软弱，只有苦苦的哀求，却没有坚持合理要求的教育意志，虽然要求了一场，但最后败下阵的都是自己，这就养成了孩子可以一次次突破家长底线的习惯，养成了孩子可以治住家长的能力，使家庭教育束手无策。我讲的“严格要求，爱透其中”，体现了严格与爱之间的正确关系，爱不能失去严格要求，严格也不能让孩子无法理解，体会不到父母的爱意，这反映出教育特别需要的一

个“度”，过与不及，都是不当的。适合孩子的利好发展就是合度。

有一位父亲在这方面做得特别好。他对孩子从小就注意培养他感知爱意的心灵能力。比如当孩子独立分房睡的时候，他坚持每天晚上在孩子睡前一定要去跟孩子讲一声晚安；已经是冬天了，盖棉被了，父亲却把冰凉的手伸进孩子的被子摸到他的脚，孩子冷得一激，爸爸问：“冷不冷？”孩子说：“冷！”这时爸爸开始把孩子的被角给她掖好，不让风灌进去，然后再问孩子：“这回还冷不冷？”孩子幸福地笑了，说：“不冷了。”爸爸又问：“下回你帮妈妈掖被子好吗？”孩子笑着说：“好！”爸爸夸奖说：“好孩子！”然后又给孩子把上面的被口也掖好，说：“孩子，做个好梦！”孩子也懂事地说：“爸爸，晚安！”这段场景中，充满了亲子交流，正是在这种情感交流中，这位爸爸完成了爱的生活教育。定时到自己的房间睡觉，这是培养孩子独立性的严格要求，但这种要求又是在充满爱意的行为中实现的。

### 建议二：做孩子最佳的倾听者，争取做到与孩子无话不谈，每星期至少有两回交谈的时光

养成倾听的习惯可以让孩子主动地靠近你，这是一个教育的智慧。一些家长就是因为没有养成倾听的习惯，所以很难维护好彼此的关系。孩子逐渐长大，有了自己的想法之后，因为不能同日而语，所以干脆向父母关闭了心窗，这时还怎么进行教育？没有沟通，便没有教育。父母不能了解孩子，父母的话语也无法进入孩子的大脑，就没有办法发挥自己的教育影响力。因此，保护好沟通就是教育延续的保证。怎么才能保护好沟通呢？就是父母首先要做好倾听者，而且应争取做孩子的最佳倾听者。

现在一些家长不太愿意倾听孩子，总是着急自己讲，以为自己要讲的要求和道理讲完了，自己的教育责任就完成了。教育不是这么做的，教育若要有好的效果，就必须形成彼此之间的双向交流。在形成的交流中，如果家长的话语能够对孩子产生启发，家长的道理比孩子高明，这时影响力才能发挥。

有一位妈妈很会与孩子交流，首先她总是笑眯眯地先听孩子说，这样有利于了解孩子，然后她会问：“想不想听听妈妈的看法？”这时孩子一般都是会听的。孩子养成了听他人的看法，就是建立了一种好的思维习惯。当我们谈看法时，一定要争取多角度、出新意、有深度、能中肯、透感情，这位妈妈基本做到了。

建议三：让孩子感到爸爸妈妈对自己有大帮助

父母对孩子的帮助，当然应该是多方面的、全方位的，我强调最重要的一点：给孩子自己生命的内动力。立人必先立志，立志就是给孩子最紧要的生命内动力。怎么培养孩子立志呢？

育人先育心，心大则业大。育心，首先应扩充孩子的胸怀。怎么做？一个办法是在情感教育上扩，不能局限孩子只爱自己，应培养孩子养成爱爸爸妈妈，爱长辈亲人，敬重乡里乡亲，热爱自己的家乡和祖国，热爱人民，热爱地球和生灵，这个教育叫“爱的扩展”。还有一个办法是引导孩子扩大志气，从意识自我价值开始，发奋图强，卧薪尝胆；从思谋家庭命运开始，穷则思变，翻身解放；从关心社会环境开始，励精图治，爱民报国；从热爱科学实验开始，兴致勃勃，手脑双挥等。这些都是培养孩子立志的地方，这个教育叫“志气向上”。

孩子的胸怀大了，想的、关心的、做的就不一样了；孩子的志气大了，动力就大了，视野和高度就不一样了；孩子有了自己的内动力，就自觉了，主动了，我们的教育感受就不一样了。